보스턴컨설팅그룹의
B2B 마케팅

이마무라 히데키 지음 | 정진우 옮김 | 보스턴컨설팅그룹 감수

비즈니스맵

| 머리말 |

현재 B2B 분야에서는 마케팅이 매우 중요시 되고 있다. 필자가 알고 지내는 생산재·산업재 관련기업의 경영자들은 모두 이구동성으로 "지금까지 우리 회사에는 영업만 있고 마케팅은 없었다. 이제부터는 마케팅을 철저히 강화하겠다"고 말한다. 미국의 일류 비즈니스 스쿨에서도 B2B 마케팅의 중요성이 점차 인식되면서 최근에는 '비즈니스 마케팅'이나 '인더스트리얼 마케팅'이란 이름으로 강좌를 개설하는 곳이 많아졌다.

B2B 비즈니스란 조직을 대상으로 하는 사업 분야이다. 즉 소비자를 직접 상대하는 것이 아니라 기업이나 정부기관, 학교, 병원 등의 단체를 상대로 제품이나 서비스를 판매하는 분야다. 이른바 생산재·산업재·B2B 거래 등은 모두 이 분야에 포함된다. 또한 소비재라도 대형마트 등의 기업거래처를 대상으로 하는 사업에는 동일한 사고방식이나 스킬이 요구된다.

지금까지 이 분야에서는 '업계 제일의 영업사원 방식'이나 '영업의 달인' 등 영업 테크닉이나 스킬에 대한 텍스트, 엘리트를 소개하는 책이 넘쳐났다. 그러나 유감스럽게도 실적이 좋은 영업사원과 일반적인 영업사원을 결정짓는 기준이자, '시장을 과학적으로 관찰하고 그 관찰에 기초하여 자사(自社)의 승리방법을 생각하여 실행한다'라고 하는 '마케팅 로직'에 대해 본격적으로 언급한 서적은 없었다('마케팅 로직'에 대해서는 프롤로그에서 상세하게 설명하겠다).

더불어 마케팅 교과서는 엄청나게 많지만, 대다수가 소비자를 대상으로 한 상품 및 서비스의 마케팅을 주로 다루고 있어서 B2B 비즈니스 분야를 다룬 마케팅 교과서는 전무에 가깝다고 하겠다. 저명한 필립 코틀러 교수의 마케팅 교과서나 입문서도 대부분이 소비재 마케팅을 대상으로 하고 있으며, 일부에서만 '조직시장과 구매행동', '생산재 시장과 구매행동' 등을 보충적으로 논하고 있을 뿐이다.

2003년부터 필자는 아오야마가쿠인(Aoyama Gakuin) 대학* 비즈니스 스쿨에서 MBA학생을 대상으로 '생산재 마케팅' 강좌를 담당하고 있는데, 실은 적당한 일본어 교과서를 찾지 못하여 매우 고생하였으며 결국에는 스스로 교재를 준비할 수밖에 없었다. 차라리 그럴 바에는 스스로 써보자고 결심하여 저술한 것이 이 책이다.

필자가 근무하는 보스턴컨설팅그룹(BCG)이라는 회사는 기업의 경영자를 대상으로 경영컨설팅을 수행하고 있다. 기업이나 사업의

---

* 일본 6대 명문 사립대학의 하나로, 2001년부터 MBA과정을 개설하고 있다.

전략 입안 또는 그 실행의 지원, 연구개발·제조·물류·인사·정보시스템 등의 개별업무 지원 등을 수행하고 있다. 그중에서도 업종을 막론하고 가장 많이 수행하는 것이 영업·마케팅의 실적 향상을 위한 지원이다. 이 책은 그러한 업무를 통해서 필자가 체득하게 된 기업 영업현장의 과제와 구체적인 개선안, 그리고 전 세계의 동료 컨설턴트들의 경험을 기초로 저술되었다.

이 책은 B2B 비즈니스에 있어서의 마케팅 로직의 기본적 요소를 간단한 툴(Tool)로서 소개하여, 분석적 사고나 스킬을 연마하는 길잡이가 되기를 목적으로 하고 있다. 마케팅 로직을 습득함으로써 '자사의 제품·서비스를 어떤 고객에게 어떤 방법으로 판매하고, 어떤 식으로 경쟁사와의 차이를 지속적으로 벌려서, 궁극적으로는 어떻게 이익을 올릴까'에 관한 수미일관(首尾一貫)된 견해·사고방식·행동방식을 갖게 된다. 주 독자층을 B2B 비즈니스에 종사하는 비즈니스맨과 비즈니스 스쿨의 학생 및 경영자들로 상정하고 있다.

이 책은 B2B 비즈니스에 있어서의 마케팅을 체계적으로 학습할 수 있도록 구성되어 있다. 또한 많은 사례를 열거하고 있으므로 참고해주기 바란다.

프롤로그 「실적이 좋은 영업사원은 무엇이 다른가」에서는 실적이 좋은 영업사원의 분석을 통해서 마케팅 로직이란 무엇인가에 대해 설명한다.

제1장 「기업에 만연한 마케팅 로직 결핍증」에서는 B2B 비즈니스의 다양한 현장에서 보이는 공통적인 문제점과 참된 원인을 분석한다. 그리고 마케팅 로직의 부족이나 결여가 어떻게 효과를 올리지 못하고 비효율적인 영업으로 이어지는가를 재확인한다.

제2장 「기회를 재발견한다 — 시장을 과학화하는 기술」에서는 시장 전체를 과학적으로 파악하여, 자사에 있어서 중요한 고객이나 시장을 이해하고 평가하는 방법을 소개한다.

제3장 「전략을 재고한다 — 표준화와 커스터마이제이션」에서는 기업고객대상 마케팅의 2대 기본전략으로 표준화와 커스터마이제이션을 소개한다.

제4장 「고객을 재발견한다 — 니즈와 의사결정의 구조 분석」에서는 중요한 고객의 니즈와 의사결정의 구조를 깊이 있게 이해하고 거래관계를 새로운 관점에서 재설계하는 방법을 소개한다.

제5장 「거래관계를 재구축한다 — 고객 접근방법」에서는 중요한 고객에 대한 접근방법 및 영업사원의 관리방법을 소개한다.

제6장 「프라이싱을 재수립한다 — 고수익을 실현하는 가격설정」에서는 자사의 상품이나 서비스의 가치에 적합한 가격으로 판매하고 수익을 실현하는 방법을 소개한다.

마케팅 로직은 21세기의 영업 사원에게 필수불가결한 요소가 될 것이라고 생각한다. 마케팅 로직을 습득한 영업사원은 이미 영업사원이라는 영역을 초월한 존재가 되어있을 것이다. 다시 말해, 시장을 과학적으로 파악하여 그 안에서 자사의 사업기회를 최대화하기 위한 방법을 생각해내는 '마케터(Marketer)'라고 부를 만한 인재로 성장하였을 것이다. 마케터는 경영자와 거의 동일한 시선으로 시장을 조망할 수 있는 인재다. 또한 마케터는 영업뿐만 아니라 제품개발이나 제조, 경리, 기획 등 다양한 업무에 있어서도 극히 중요한 기본적인 인재요건이 되고 있다. 그러한 의미에서 마케터가 된다는 것은 '간부 후보생'의 첫걸음을 내딛는 것이라고 해도 과언은 아닐 것이다.

이 책이 독자들의 일상적인 영업활동을 재점검하고, 영업 스킬이나 테크닉에 관한 학습방법을 재구축하며, 평범한 영업사원에서 슈퍼 영업사원으로 성장해나가는 계기가 된다면 더 바랄나위가 없겠다. 아울러 독자들이 마케팅 로직을 숙지하여 슈퍼 영업사원에서 슈퍼 마케터, 더 나아가서는 경영간부 후보생으로 성장하는 데 일조를 할 수 있다면 이보다 더한 기쁨은 없을 것이다.

보스턴컨설팅그룹 수석 부사장
이마무라 히데키

| 목차 |

머리말 _4
프롤로그 실적이 좋은 영업사원은 무엇이 다른가 _12

제1장 기업에 만연한 마케팅 로직 결핍증
  무질서, 불규칙에서 생겨나는 영업의 암운 _23
  방문횟수, 가격, 판촉비에 관련된 암운현상 _28
  고객방문의 암운 | 프라이싱의 암운 | 판촉비의 암운
  암운현상이 의미하는 것은 영업현장에서의 배회 _34
  암운과 현장배회의 근본 원인은 마케팅 로직 결핍증 _38
  시아협착 | KKD의존 | 고객은 왕이라는 착각 | GNN의존 |
  론 울프증 | 가치자율실조
  개선에 성공하면, 타사를 상회하는 성장과 수익 실현 _49

제2장 기회를 재발견한다 _ 시장을 과학화하는 기술
  마케터는 시장의 생태학자 _55
  시장을 과학화하는 데 도움이 되는 네 가지 도구 _59
  영업기회 맵 | 고객 세그먼테이션 | 매출방정식 | 경쟁사 벤치마킹
  시장을 과학화하기 위한 일곱 가지 요령 _103
  가설을 설정하고 분석 | 현장에서 생생한 정보를 수집 | 포커스를 두는 검토 |
  고객의 행동은 합리적이라고 가정 | 데이터에 의한 객관적인 판단 |
  100%의 정확도는 불필요 | 생태학자처럼 시장을 관찰

제3장 전략을 재고한다 _ 표준화와 커스터마이제이션

B2B 비즈니스의 두 가지 전략 _113
표준화 전략 | 커스터마이제이션 전략 | 패밀리레스토랑과 고급요정의 차이

전략 검토 포인트① : 대상 제품·서비스 _118
표준화 전략이 적합한 제품·서비스 |
커스터마이제이션 전략이 적합한 제품·서비스 |
동일 제품인데 전략이 다른 경우

전략 검토 포인트② : 대상고객 _122
표준화 전략이 적합한 고객 | 커스터마이제이션 전략이 적합한 고객

전략 검토 포인트③ : 마케팅 믹스 _125
표준화 전략의 마케팅 믹스 | 커스터마이제이션 전략의 마케팅 믹스

선행투자만이 지속적인 경쟁우위를 구축한다 _129
표준화 전략의 우위성 구축 | 커스터마이제이션 전략의 우위성 구축

유의해야 할 각 전략의 한계·리스크 _136
표준화 전략의 유의점 | 커스터마이제이션 전략의 유의점

전략의 전환은 실행하기 힘들다 _141

제4장 고객을 재발견한다 _ 니즈와 의사결정의 구조 분석

기업고객을 깊이 있게 이해하는 방법 _145

고객 타깃팅 – 중요한 고객을 선별해내는 방법 _147
고객 타깃팅의 세 가지 기본 | 승리마 타깃팅 | 승리마의 선정과 관련된 논점

딥 커스터머 디스커버리 – 고객을 재발견하는 방법 _159
고객의 진정한 인식을 조사하기 위한 실패원인 분석 |
심층 니즈 발굴 맵 | EVC | DMU

제5장　거래관계를 재구축한다 _ 고객 접근방법

　　[방법 1] 미션별 영업사원 – 다양한 영업사원을 배치한다 _192

　　[방법 2] 팀구성 – 팀을 짜서 조직화하여 공략한다 _201
　　혼자서 모든 것을 할 수 있는 사원은 없다 | 전문가 집단을 구성해 대응 |
　　전문가를 모으는 것만으로는 불충분

　　[방법 3] 콜라보레이션 – 고객과 함께 일하는 관계를 구축 _212
　　진화해가는 구매방식 | 공급업체의 대응책

　　[방법 4] SFE – 영업생산성을 높인다 _221
　　전략에 따라서 영업사원의 행동을 효율화 | 영업생산성 향상의 네 가지 단계 |
　　파워풀한 영업개혁의 수단

제6장　프라이싱을 재수립한다 _ 고수익을 실현하는 가격설정

　　가격의 재검토는 어렵지만, 방법에 따라서 효과는 크다 _235

　　가격의 재검토 시 검토해야 할 다섯 가지 포인트 _238
　　제품가격 | 제품 믹스 | 서비스 가격 | 애프터 마켓 가격 | 프라이싱의 케이퍼빌리티

　　수익을 향상시키는 구체적인 프라이싱 기법 _243
　　세그멘테이션 프라이싱 | 밸류 프라이싱 | 미니멈 프라이싱 |
　　트레이드오프 프라이싱 | 코스트 다운 프라이싱

　　조직적으로 프라이싱 수행능력을 향상시키기 위한 포인트 _256
　　역할 · 책임을 명확히 한다 | 의사결정과 실행 프로세스를 관리 |
　　인센티브를 연동시킨다 | 가격정보 · 분석 툴의 정비

　　프라이싱의 재검토 실행 시 유의할 점 _260

맺음말 _268

| 프롤로그 |

실적이 좋은 영업사원은 무엇이 다른가

실적이 좋은 택시기사는 무엇이 다른가

택시를 탈 때마다 운전기사에게 "실적이 좋은 기사와 실적이 나쁜 기사는 무엇이 다릅니까?"라고 물어보곤 한다. 기사들 중에는 회사택시를 운전하는 사람, 개인택시 기사, 오전근무 기사, 야간근무 기사가 있으며, 최근에는 여성 기사까지 각양각색이어서 다양한 대답을 듣게 된다. 수십 명의 기사의 대답을 필자 나름대로 정리해 보면 다음과 같다.

- 실적이 나쁜 기사 – (장거리 한탕을 노리고) 낮잠을 자거나 빈둥거리는, 말하자면 별로 열심히 일하지 않는다.
- 보통의 기사 – 여하튼지 장시간 일한다. 식사나 휴식시간까지 아끼면서 오로지 일만 한다. 그래서 건강을 해치는 경우가 많다.
- 실적이 좋은 기사 – 여러모로 연구를 해서 무리 없이 돈을 벌고 있다. 어딘지 모르게 여유가 느껴진다.

이중에서 실적이 좋은 기사들이 하는 연구들을 보면 매우 재미있으면서도 배울 점이 많다. 예를 들어 보기로 하자.

- 자신만의 '단골손님'을 만들어서 휴대전화로 연락을 받고 마중하러 가거나, 토·일요일에는 골프장으로 왕복운행을 하는 이른바 '자가용화'
- 업무상 빈번하게 상경하는 '유력한 고정고객'을 전국적으로 만들어서, 상경했을 때에는 '시내의 발'로써 반드시 자신의 택시를 이용하도록 만든다. 자가용화를 더욱 진화·차별화시킨 '광역 집객화'
- 택시를 이용할 사람이 나올 확률이 높은 도심빌딩의 출입구나 거리를 시간대별로 도표화하여, 어느 곳에선가 승객을 하차시키고 나면 그 위치에서 가장 가까운 곳으로 향한다. 이른바 '낚시터 포인트 맵화'

이처럼 실적이 좋은 기사의 노력들은 일일이 열거할 수 없을 정도지만 공통점은 단순하다. '과연'이란 생각이 들 만큼 이치에 맞는 필승패턴을 지니고 있다는 점, 나아가서 이러한 필승패턴을 지속적으로 업그레이드하려고 노력한다는 점이다. 예를 들어 자가용화나 광역집객화 등 '고정고객' 방식은 승객 중에서 단골손님이 될 만한 사람을 분위기나 대화를 통해 알아내어, 휴대전화번호가 적혀있는 명함을 건

네고 대략적인 요금도 제시하여 단골이 되길 권유한다. '낚시터 포인트 맵' 방식은 "이 시간대에 이 장소에서 손님이 택시를 타는 것에는 어떤 이유가 있는가?", "그것은 자주 있는 일인가?" 등을 승객에게 물어보고, 자신의 '낚시터 포인트 가설'을 보강하거나 검증한다.

요지는 한 번 태운 승객을 단순히 목적지에 데려다주는 것으로 끝내는 것이 아니라, 승객과의 일반적인 (그러나 계산된) 대화를 통해서 향후 비즈니스로 이어갈 궁리를 한다는 것이다. 이 정도가 되면 단순한 운전기사가 아니라 훌륭한 영업사원이라고 할 수 있다. 실로 어느 곳에나 달인은 있는 법이다.

좋은 아이, 나쁜 아이, 평범한 아이

예전에 어떤 선배로부터 실적이 좋은 영업사원과 그렇지 못한 영업사원의 차이에 대해서 배웠었다. 선배는 당시 TV 프로그램의 유행하는 카피였던 '좋은 아이, 나쁜 아이, 평범한 아이'에 비유하여 다음과 같이 말했다.

- 나쁜 아이 – 아무 것도 안한다(빈둥거린다).
- 평범한 아이 – 열심히 어려운 일만 하려고 한다(고생하는 것에 비해 소득이 없다).
- 좋은 아이 – 당연한 일만을 당연하게 하고 있다(시간이 아니라 지혜를 사용하여 곁에서 보면 편하게 돈을 벌고 있다).

처음 이 말을 들었을 때는 '과연 절묘한 표현'이라고 감탄하였다. 앞서 언급했던 택시기사는 반드시 영업사원은 아니지만, 바로 이 '좋은 아이, 나쁜 아이, 평범한 아이'의 예와 같다. 영업을 해본 경험이 있는 독자 여러분이라면 수긍이 가는 점이 많지 않은가?

그러면 '좋은 아이'가 되려면 어떻게 하면 좋을까? 위의 설명만으로는 잘 알 수가 없다. 빈둥거리지 않고 일을 하면 '나쁜 아이'가 되지 않을 것이라는 점은 알 수 있다. 그러나 좋은 아이가 하고 있는 '당연한 일'은 무엇인지 '당연하게 하다'라는 것이 어떻게 한다는 것인지는 알 수가 없다. 좋은 아이, 즉 실적이 좋은 영업사원에게 "도대체 어떻게 하고 있습니까?"라고 물어보아도 "글쎄, 다른 사람들하고 똑같이 하고 있을 뿐인데. 특별히 대단한 일을 하고 있지는 않아. 운이 좋을 뿐이야"라고 대답하기 십상일 것이다. 그들이 겸손하거나 조심성이 있어서 그렇게 대답하는 것이 아니다. 스스로가 특수한 일을 하는 것이 아니라 당연한 일을 하고 있을 따름이라고 진정으로 생각하고 있기 때문이다. 좋은 아이에게는 너무 당연하기 때문에, 자신의 행동방식과 일반적인 행동방식의 차이나, 보통의 아이가 습득해야 할 포인트에 대해서 인식하거나 설명할 수 없는 것이다. 이치로*와 같은 타격의 명인에게 "어떻게 하면 안타를 칠 수 있

---

*일본 프로야구 최고의 타자였으며, 현재 메이저리그 시애틀 매리너스 소속의 초일류 프로야구 선수

습니까?"라고 물어보면, "평범하게 연습을 할 뿐입니다"라는 대답을 듣는 것과 마찬가지다. 아무리 그들에게 물어보아도 그들은 무엇을 어떻게 하면 좋은지를 가르쳐 주지 못할 것이다.

기업의 영업현장에서 일하는 사원을 보면 좋은 아이나 나쁜 아이는 모두 극소수다. 대부분의 사원은 평범한 아이다. 성실하고 열심히 일하지만 좀처럼 실적으로 이어지지 않는다. 남보다 먼저 출근하여 늦게까지 야근을 하고 휴일에도 출근을 한다. 부지런히 명함을 돌리고, 술을 마시고, 노래를 부르고, 골프를 치면서 열심히 인맥을 넓힌다. 정보를 수집하고 교환하며 컴퓨터로 정리하기도 한다. 산더미처럼 쌓인 영업 노하우 책을 읽으면서 밑줄을 치고 자신만의 궁리도 한다. 그러나 안타깝게도 노력에 비해 실적이 오르지 않는 사람이 많다. 어떻게 하면 좋을지 모르는 채 괴로워하며 더욱더 많은 시간을 일하게 된다. 경영자도 현장을 독려해 보지만 '평범한 아이' 집단이 좀처럼 향상되지 않아 항상 조바심을 낸다. 이것이 일반적인 모습이 아닐까?

좋은 아이가 되기 위한 열쇠 - 마케팅 로직

좋은 아이와 평범한 아이의 결정적 차이는 흔히 말하는 영업의 테크닉이나 스킬이 아니다. 높은 실적을 올리고 있는 영업사원 중에는 오히려 말주변이 없거나 내성적이어서, 사람사귀기는 것이 서툴고 테크닉 면에서도 어설픈 사람이 많다. 즉, 그러한 테크닉이나 스킬이 중요하긴 하지만 결정적인 요소는 아니다.

좋은 아이와 평범한 아이의 차이는 '마케팅 로직'이다. "마케팅 로직을 갖고 있는가, 갖고 있지 않은가"가 영업실적을 결정적으로 좌우한다. '마케팅 로직'이란 '시장을 과학적으로 관찰한 결과 발견한 자사의 승리방식'이다. '마케팅 로직을 갖는 것'은 "자사의 제품·서비스를 어떤 고객에게 어떻게 판매하고, 어떻게 경쟁사와 지속적으로 차별화를 이루어내어, 궁극적으로는 어떻게 이익을 올릴까에 관한 수미일관된 견해·사고방식·행동방식을 갖는 것"을 말한다.

앞서 언급한 '광역 집객화'형 택시기사를 예로 들어 이 마케팅 로직을 생각해보면 다음과 같다.

- 지방의 몇몇 부유한 비즈니스 고객으로 타깃을 좁힌다.
- 다른 택시에게 뺏기기 않도록 타깃 고객이 상경하는 니즈를 꼼꼼하게 파악하여 상경기간 중에는 철저하게 서비스한다.
- 그 결과 평소 실적은 보통이지만, 타깃 고객이 상경했을 때에는 며칠간의 전세대여와 팁으로 평소의 실적을 크게 웃도는 고수익을 안정적으로 올린다.

위와 같은 식으로 자신의 경쟁방식을 정의하는 것이다. 그뿐만 아니라, 승차 중 또는 오프의 시간을 포함하여 자신의 모든 택시영업 활동을 그 경쟁방식의 정의에 맞게 조정해가는 것이기도 하다.

영업 테크닉이나 스킬이 중요하긴 하지만 모두 중요한 것은 아니다. 중요한 것은 이 마케팅 로직에 적합한 테크닉이나 스킬뿐이다. 그 외의 것은 과감하게 무시해도 상관없다. '광역 집객화형 기사'에게 필요한 스킬이나 테크닉은 '낚시터 포인트 맵형 기사'에게 필요한 스킬이나 테크닉과는 상이한 것이다.

전자에게는 고정고객이 될 만한 사람을 분별하는 '식별' 능력, 부지런히 상경일정을 파악하는 능력, 자주 들르는 장소·역·공항 등에서 혼잡 시 손님을 기다리는 방법, 전속 자가용 기사와 같이 몸을 아끼지 않는 세심한 서비스 등이 가장 중요한 스킬이나 테크닉일 것이다. 후자에게는 오히려 시내에서 '손님이 북적거리는 장소'를 항상 파악·갱신하는 것뿐만 아니라 그 장소를 가장 효과적인 시간대에 적시에 운행할 수 있는 스킬이 불가결할 것이다. 마케팅 로직이 다르면 필요한 영업방식, 스킬·테크닉, 영업사원 타입 등도 달라져야 하는 것이다.

즉, '마케팅 로직'을 갖는다는 것은 스킬이나 테크닉을 포함한 다양한 영업 노력 및 활동, 인재의 선정 등에 '초점과 방향감'을 부여하는 것이다. 방치하면 한없이 확산되어 버리는 영업활동에 하나의 중심축을 세워서 가장 효과적으로 집중시키는 것이다.

"당연한 일을 당연하게 한다"라는 말은 마케팅 로직을 갖고 영업활동을 목적에 적합하게 압축하고, 모든 일을 마케팅 로직에 맞추어서 우선순위를 정한 뒤 수행하는 것을 말한다. 역으로 생각하면, 마케팅 로직에 적합하지 않은 영업방식은 아무리 다른 기업이나 영업사원이 성공하고 있다고 하더라도 반드시 자신에게도 효과적이라고 할 수는 없다. 이런 경우에는 설령 추천받았다 하더라도 정말로 자신에게 도움이 될 것인가를 생각해보고, 무턱대고 따라하지 않겠다는 소신이 필요하다.

THE BCG WAY

제 1 장

기업에 만연한
마케팅 로직 결핍증

THE ART OF BUSINESS MARKETING

The BCG Way
The Art of Business Marketing

무질서, 불규칙에서 생겨나는 영업의 암운

'마케팅 로직'이란 자사의 제품·서비스를 어떤 고객에게 어떻게 판매하고, 어떻게 경쟁사와 지속적으로 차별화를 이루어내어, 궁극적으로는 어떻게 이익을 올릴까에 관한 수미일관된 견해·사고방식·행동방식을 말한다. '마케팅 로직을 갖는가, 갖지 않은가'가 실적을 결정적으로 좌우한다. 기업에 마케팅 로직이 부족할 때 발생하는 것이 우리들이 '영업의 암운'이라고 부르는 현상이다.

마케팅 로직이 부족하거나 그것이 영업현장의 말단에까지 철저히 침투되지 않으면, 영업현장은 전혀 법칙성이 없이 제각각의 움직임을 보이게 된다. 그 결과 의도한 효과를 보지 못하거나 역효과가 나기도 한다. 그러한 상태를 그래프로 표현해보면, 영업사원의 행동이 불규칙적으로 늘어서는 무수한 점의 집합이 된다. 이것이 보기

<도표 1-1> **영업의 암운현상**

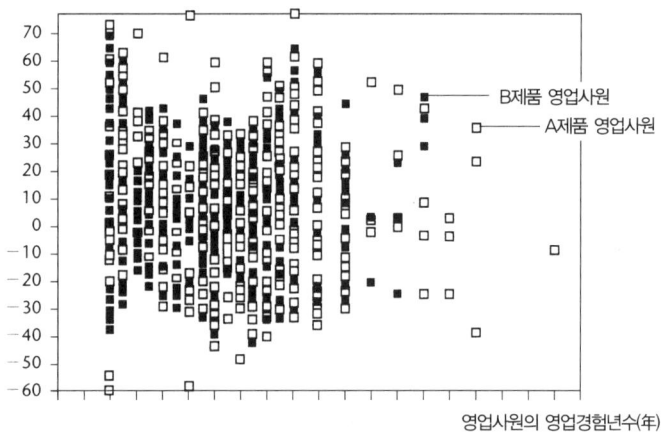

예) 화학업체 A사 영업사원의 경험년수 대비 실적

출처 : ⓒ BCG

에 따라서는 '구름'처럼 보여서 '영업의 암운' 현상이라고 부른다. '어두운 구름'이라는 부정적인 표현을 쓰는 이유는 이렇듯 무질서하고 불규칙한 행동이 실적에 어두운 그늘을 드리우고, 경우에 따라서는 비나 폭풍 같은 심각한 영향을 초래하기 때문이다.

〈도표 1-1〉은 화학업체 A사 영업사원의 영업경험년수와 실적(3년간 매출성장률)간의 상관관계를 나타낸 것이다. 점 하나하나가 각각 영업사원을 나타내고 있다. 어떤가? 조금 떨어져서 보면 '구름'처럼 보이지 않는가? 이것이 '영업의 암운' 현상의 일례다.

이 그래프로부터 무엇을 알 수 있을까? 일반적으로 영업사원의 경험이 많을수록 당연히 영업실적도 높을 것이라고 생각하기 쉽다. 그러나 이 그래프를 보면 영업사원의 연륜과 영업실적 사이에는 명확한 상관관계가 거의 없다는 사실을 알 수 있다. 영업경험이 짧은 신출내기인데도 높은 실적을 올리고 있는 사람이 있는 반면, 베테랑이면서도 실력발휘를 못하는 사람도 있다. 이를 통해 반드시 경험이 실적과 연결되어 있다고 말할 수 없을 뿐만 아니라, 오히려 베테랑에게는 더 이상 실적을 향상시키기 어려운 부분도 인정된다.

나아가서 분명히 알 수 있는 사실은 영업사원 사이의 실적 편차다. 거의 동일한 경험년수를 가진 사람 사이에도 −60% ~ +80%까지의 커다란 차이를 보인다. 이러한 편차는 경험년수에 관계없이 폭넓게 존재하고 있다. 프롤로그에서 소개한 '좋은 아이, 나쁜 아이, 평범한 아이'의 현상이 분명히 존재하고, 더불어 그 격차가 매우 크다는 사실을 알 수 있다.

〈도표 1-2〉는 〈도표 1-1〉과 매우 비슷하지만, 이것은 기계업체 B사의 주력제품 두 종류에 대한 고객별 매출액과 고객별 수익성을 나타낸 것이다. 점 하나하나가 고객사 하나하나에 대응하여 고객별 거래액과 그 고객으로부터 얻는 이익률을 나타내고 있다. 이 그래프도 '구름'과 아주 비슷한 형태를 하고 있지 않은가? 오히려 앞의 도표보다 더 구름처럼 보일지도 모르겠다. 여기서도 〈도표 1-1〉처럼 고객별 거래액과 그 고객당 이익률 사이에 별다른 상관관계가 없다

<도표 1-2> **영업의 암운현상 ②**

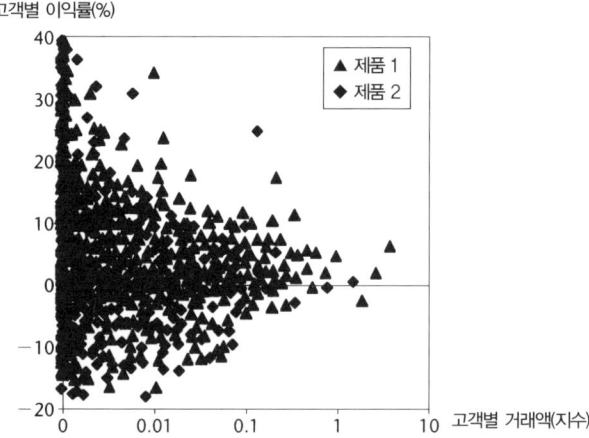

예) 기계업체 B사의 고객별 거래액 대비 고객별 이익률

출처 : ⓒ BCG

는 점, 또한 고객당 이익률의 편차가 크다는 점이 눈에 띄는 특징일 것이다. 더욱이 다수의 고객이 손익분기라인을 밑돌고 있다. 다시 말해서 거래고객 중에도 이익을 내고 있는 고객과 손해를 보면서까지 거래를 하고 있는 고객이 있으며, 그 편차가 매우 크다는 것이다.

이처럼 영업현장 곳곳에서 다양한 '암운'을 관찰할 수 있다는 사실은 분명하다. 여기서는 A, B 두 개사의 예를 들었지만, 이 두 개사가 결코 특별히 심각한 케이스도 아니다. 필자의 경영컨설턴트로 서의 경험에서 말하자면, 실상은 어떤 기업에서나 극히 평범하게 나타나는 현상이다. 영업사원의 실적이나 고객별 수익성 등, 기업의 수익을 좌우하는 기본적인 데이터가 어떠한 법칙성도 없이 무질서하게, 게다가 큰 편차를 가지고 구름처럼 분산되어 있다. 또한 그 구름의 많은 부분이 수익 악화의 요인이 되고 있다. 요컨대, 암운은 실제로 기업에 비나 폭풍을 몰고 오는 것이다.

방문횟수, 가격, 판촉비에 관련된 암운현상

기업의 영업현장을 살펴보면 더욱 비슷한 암운현상과 수없이 마주친다. 계속해서 몇 가지의 예를 들어보기로 하겠다.

고객방문의 암운

〈도표 1-3〉은 화학업체 C사에서 영업사원이 담당하고 있는 고객의 매출 잠재력(Potential; 고객별 잠재적으로 판매가능한 제품의 금액)을 X축으로 각 담당영업사원의 고객별 영업량(여기서는 방문빈도)을 Y축으로 표현한 그래프이다.

본래 효율적인 영업을 추구한다면, 영업사원은 잠재력이 큰 고객

<도표 1-3> **고객방문의 암운**

예) 화학업체 C사 영업사원의 담당고객별 매출 잠재력 대비 방문빈도

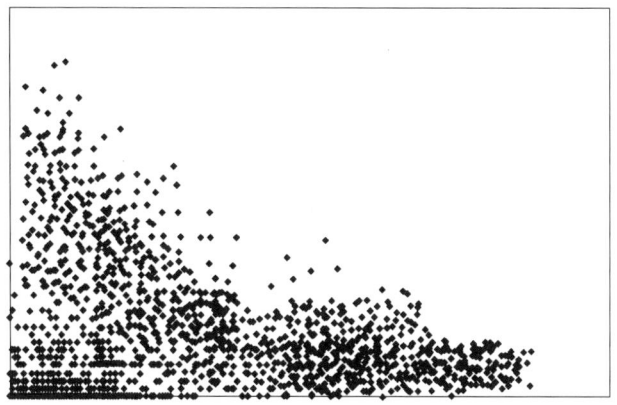

출처: ⓒ BCG

을 많이 방문하고, 반대로 그렇지 못한 고객에게는 자주 가지 말아야 한다. 다시 말해서, 점의 분포가 우측상단에 많고 좌측하단에는 적어야 하는 것이다. 그러나 이 도표는 정반대 분포를 보이고 있다. 즉, 이 회사의 영업사원은 고객의 매출 잠재력과는 관계없이 고객을 방문하고 있다는 것을 알 수 있다. 또한 편차도 매우 크다. 그 결과 많은 고객에서 적자를 내고 있으며, 영업사원은 잠재력이 없는 고객을 과다하게 방문하고 있을 위험성이 높다. 또한 반대로 잠재력이 큰 고객은 충분히 방문하지 못하고 있다는 사실도 짐작할 수 있다.

영업사원에게 방문처를 자유롭게 일임하면 자신이 가기 쉬운 곳을 선택하는 경향이 강하다. 대형고객이며 특히 성장성이 있는 고객은 모든 회사의 영업사원이 노리고 있으므로 경쟁이 치열하다. 게다가 이런 고객은 기술력이나 품질관리 수준도 높아서 공급업체에 대한 요구도 엄격한 법이다. 즉, 영업사원에게 있어서는 별로 유쾌한 방문처가 아닌 경우가 많다. 그렇기 때문에 무심코 발길이 멀어지기 마련이다.

한편, 소형고객이나 그다지 성장성이 없는 고객은 경쟁도 느슨하고, 방문하면 그런대로 환영받기 때문에 아무래도 그쪽으로만 발길을 옮기게 되는 것이다. 이처럼 방문처를 영업사원에게 일임해 온 오랜 결과가 이 그래프처럼 '암운' 형태가 되어 나타나는 것이다.

프라이싱의 암운

〈도표 1-4〉는 마찬가지로 화학업체 C사의 고객별 매출액과 그 고객에 대한 할인율의 관계를 나타내고 있다. 그래프의 Y축 상단으로 갈수록 할인폭이 커진다. 그래프의 X축은 대수이므로 이해하기 어려울 수도 있지만, 눈금이 하나씩 오른쪽으로 갈수록 10배가 된다고 보면 된다.

일반적으로 거래규모가 커지면 커질수록 가격할인을 많이 해주

〈도표 1-4〉 **프라이싱의 암운**

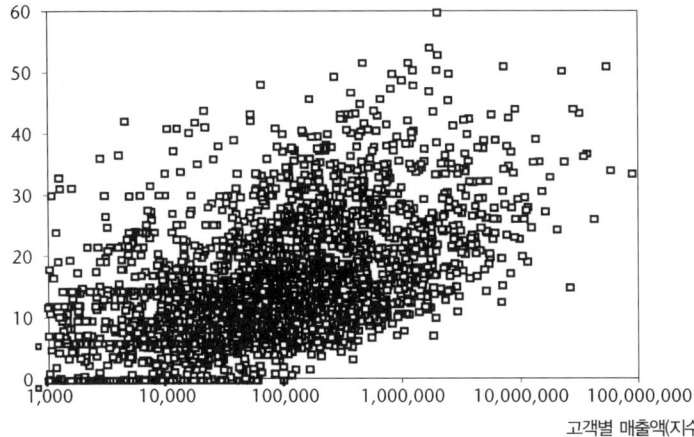

예) 화학업체 C사의 고객별 매출액 대비 고객별 할인율

출처 : ⓒ BCG

기 때문에 우상향의 분포가 되어야 한다. C사의 경우, 전체적으로 우상향이 되어있기는 하지만 가격인하의 편차가 매우 큰 것을 알 수 있다. 동일한 거래규모의 고객에게 거의 가격할인을 하지 않고 정가로 판매하고 있는 경우가 있는 반면, 절반가격에 팔고 있는 경우도 있다. 반대로 거래액이 10배, 100배, 1000배, 10000배나 다른 고객에게 동일한 가격할인율을 적용하고 있는 예도 적잖이 있다.

이것은 프라이싱(Pricing; 가격설정)을 현장의 영업사원의 재량에 일임하고 있는 회사에서 쉽게 발견되는 현상이다. 영업사원이 가격

〈도표 1-5〉 **판촉비의 암운**

예) 소재 · 부품업체 D사의 고객주문별 거래액 대비 판촉비

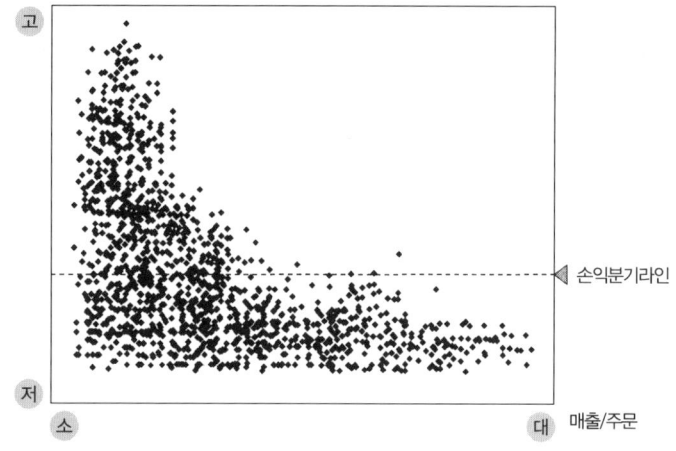

출처 : ⓒ BCG

을 결정할 때 상대고객과 자신과의 관계에 기초하여 제일 적절하다고 판단한 가격을 결정한 결과, 회사 전체로 보면 정합성이 없는 '구름'과 같은 분포가 되어 버리는 것이다. 많은 케이스에서 거래확보나 매출 유지 · 확대를 도모하며 필요 이상으로 가격을 할인한 결과, 수익성의 대폭적인 저하를 초래하고 있는 것이다.

판촉비의 암운

〈도표 1-5〉는 소재·부품업체 D사의 고객주문별 거래액과 그 주문에 대해 사용한 판촉비(이 경우에는 배송물류 서비스)와의 관계를 나타내고 있다. 여기서도 주문별 거래규모와는 큰 관계없이 판촉비가 무질서하게 사용되고, 편차 또한 크다는 것을 알 수 있다.

가운데의 점선이 손익분기라인이다. 즉, 이 선 이상으로 판촉비를 사용하면 비용이 이익을 넘어서 버리는 것이다. 주문규모가 작은 거래에 있어서는 손익분기점 밑으로도 판촉서비스가 제공되는 경우가 많다는 사실을 알 수 있다. 규모가 큰 주문을 하는 고객에게서 달성한 이익으로 작은 주문을 하는 고객의 손실을 보전하고 있는 것이다. 이것은 주문마다 이익을 정확히 관리하지 않는 기업에서 자주 볼 수 있는 '암운'이다.

암운현상이 의미하는 것은 영업현장에서의 배회

"이것마저도…"라는 식의 비슷한 도표를 계속해서 제시하였기 때문에 벌써 질려버린 독자도 있을 것이다. 암운현상은 이 밖에도 다수 존재하지만 이 정도에서 끝내기로 하자.

암운현상은 필자가 컨설턴트로서 거래해왔던 많은 일류기업에서 지극히 일반적으로 볼 수 있었다. 또한 단독적으로 발생하는 것이 아니라, 화학업체 C사처럼 복수의 현상이 한 회사에서 동시에 발생하는 것이 일반적이다.

그렇다면 암운현상이 갖는 경영상의 의미는 무엇일까?

단적으로 표현하면, 고객별 우선순위(Priority) 등의 기업의 전략적 의도와는 관계없이 영업사원들이

- 영업현장에서 제멋대로 가고 싶은 고객을 골라서 방문하고 있다
- 영업현장에서 제멋대로 판단하여 개별적으로 가격을 결정하고 있다
- 영업현장에서 제멋대로 판단하여 개별적으로 판촉비를 투입하고 있다

는 것이다. 기업의 전략과는 상관없이 현장이 무질서하게 움직이고, 게다가 경영진에서는 그것을 눈치채지 못하고 있다는 것이다. 이러한 상황은 영업사원이 무질서하게 현장을 배회하고 있다고까지 말할 수 있는 상태이다.

이를 전쟁에 비유하면, 사령관이나 참모본부가 노리는 공격목표와는 관계없이 병사들이

- 자신이 공격하고 싶은 적을 향해서 제멋대로 돌격하고 있다
- 자신이 좋다고 생각한 방향으로 제멋대로 사격하고 있다
- 자신이 여기라고 판단한 목표물에 뿔뿔이 흩어져서 폭격을 가하고 있다

는 것과 같은 것이다. 이렇게 해서 전쟁에서 승리할 수 있다면 불가사의한 일이 아닐 수 없다.

놀라운 점은 이러한 현상에 대해 기업에서 특별한 자각증세가

없다는 사실이다. 왜냐하면 필자가 경영컨설팅을 하고 있는 기업에 가서, 이러한 암운현상을 정량분석하고 그래프로 표현하여 경영진 앞에서 프레젠테이션을 하면, 모두가 경악실색하는 일이 많기 때문이다.

많은 경영자들은 이러한 상태를 감으로는 느끼고 있었지만, 정량적으로 분석한 그래프를 직접 눈으로 보는 것은 처음인 경우가 많은 것 같다. "역시 그랬었군. 답답하고 개운하지 않은 감이 정확했어"라고 납득하는 경영자도 물론 많이 있다. 그러나 개중에는 이런 무질서한 암운을 보고 "관리·감독의 부재가 드러났다"며 창백해지는 사람도 있고, 반대로 "이 분석은 이상하다"라고 하며 얼굴이 새빨개져서 화를 내는 사람도 있다.

당연한 말이지만 현장을 배회시키고 있는, 다시 말해서 무질서하게 고객을 방문하게 하거나, 가격을 결정하게 하거나, 판촉비를 지불하게 하는 회사는 있을 리 없다. 모두 현장에서 나름대로 생각하고 궁리하여 수행하고 있다. 그러한 현장을 대표하는 사람들에게 이러한 상태를 사실로 들이대게 되면, 자신들의 능력이나 노력을 전부 부정당하는 것처럼 받아들이고, 분노나 불안을 느끼는 것도 자연스러운 반응이다.

하지만 경영간부들에게 그토록 충격을 준다는 사실은 평상시에 얼마나 이러한 진단이나 검사가 이루어지지 않는가를 나타내는 것이다. 마치 몇 년 만에 정밀건강진단을 통해 여러 가지 검사를 받고

나서야 비로소 자신에게 병이 있었다는 사실을 자각하고 충격을 받는 것과 마찬가지다. 평상시에 확인을 했었더라면 갑자기 놀라는 일은 (전혀 없다고는 말할 수 없겠지만) 크게 줄 것임이 틀림없다.

요컨대, 경영자가 자사의 영업활동 실태를 객관적으로 분석하고 진단하여, 자사의 활동이 '바람직한 모습'에서 멀리 떨어져 있음을 절실히 인식하는 것에서부터 비로소 영업개혁이 본격적으로 시작된다고 할 수 있다.

암운과 현장배회의 근본 원인은 마케팅 로직 결핍증

이러한 암운현상은 현장에서 제각기 부분적으로 최선의 답을 추구하는 '부분 최적' 행동을 취한 결과이다. 개별적으로는 하나하나 설명할 수 있는 행동이라 하더라도 모두 취합해보면 전체의 목표나 의도와는 맞지 않는, 즉 '전체 최적'이 되지 않음을 보여주고 있다. 일임을 받은 현장에서 전력으로 노력을 하고 있는데도 발생한 일이 아니라, 일임 받은 현장에서 전력으로 노력하고 있기 때문에 발생한 일이라고 할 수 있다. 부분과 전체의 패러독스라고 하는 현상이다.

거기에는 두 가지의 의문이 있을 것이다. 즉, 처음부터 '전체의 전략적 의도'가 옳은 것이었을까? 설령 그것이 올바르다고 하더라도, 그 의도를 현장의 행동에 정확히 반영시킬 메커니즘이 작용하고 있는 것일까?

사실 '암운현상'이나 '현장배회현상'은 이러한 두 가지 의문 모두에서 문제가 발생하고 있는 것이 원인이다. 그 원인을 총칭하여 '마케팅 로직 결핍증'이라고 부른다. 결국 '마케팅 로직 결핍증'이란 다음 두 가지 사항의 합병증이다.

- 시장을 과학적으로 파악하여 분석하는 마케팅의 기본적인 견해나 사고, 방법이 결여되어 올바른 영업·판매 전략이 수립되어 있지 않다.
- 올바른 영업·판매 전략을 현장에 침투시킬 방법, 혹은 현장을 확실하게 관리하거나 영업사원에게 실행시킬 체계가 조직 내에 결여되어 있기 때문에 영업활동이 무질서하게 뿔뿔이 흩어져 보인다.

마케팅 로직 결핍증에 걸리면 영업조직의 여러 부분에서 암운현상이나 현장배회현상 등이 나타난다. 알츠하이머나 인지증에서 보이는 배회증상은 수족이 아니라 뇌나 신경계통에 원인이 있다고 한다. '영업의 암운'도 완전히 동일하다. 영업사원이나 영업현장의 무질서는 영업사원이나 현장에 문제가 있다고도 할 수 있지만, 오히려 깊은 문제의 근원은 영업전략 그 자체나 그 전략을 현장에 어떻게 전달해서 실행하게 하는지 등의 '뇌·신경계통' 부분에 있는 것이라고 생각할 수 있다. 이를 테면, 경영진의 전략에서 영업현장의 행동에 이

〈도표 1-6〉 마케팅 로직 결핍증

마케팅 로직 결핍증		'암운' 증후군
기업의 뇌·신경계통의 합병증 【예】 • 시야협착 • KKD 의존 • 고객은 왕이라는 착각 • GNN 의존 • 론 울프증 • 가치자율실조		영업현장에서의 배회현상 • 무질서, 분산 • 편차 • 채산성을 밑도는 거래 증상에 대한 무자각, 도피

르기까지 '마케팅 로직'이라고 하는 하나의 견고한 중추신경계통의 축이 세워져있지 않기 때문에 현장에서 이쪽으로 비틀, 저쪽으로 비틀 하는 상태가 발생하고 있다고 할 수 있는 것이다.

'마케팅 로직 결핍증'의 원인은 다양하다. 그 중 많은 기업에서 자주 볼 수 있는 요인 6가지는 다음과 같다〈도표 1-6〉.

(1) 시야협착

(2) KKD 의존

(3) 고객은 왕이라는 착각

(4) GNN 의존

(5) 론 울프증

(6) 가치자율실조

다음에서 간단하게 각각의 요인을 알아보기로 하자.

시야협착

마켓 리더나 강력한 제품을 보유한 기업에 많은 현상이다. 시장을 내다보고 자사에 있어서 시장기회나 위협을 평가하려고 할 때, 올바르게 볼 수 없게 되는 것이다. 지금까지 자사가 활동해온 좁은 시장, 제품, 고객에게 사로잡혀 그 바깥쪽으로 펼쳐지는 시장영역에는 주의를 기울이지 않게 되는 것이다. 특히 잘 되어가는 분야나 성공하고 있는 영역에 사로잡히는 경향이 강하다. 그 결과, 사업을 확대할 기회를 놓치거나 생각지도 못한 상대에게 선수를 빼앗겨 버린다.

예를 들면, 지금까지 기업대상의 사무기기, 정보시스템, 통신회선 등은 각각 개별시장으로 분류되어 각각 다른 플레이어가 세그먼트를 나누어 경쟁해 왔다. 사무실용 복사기 부문에서 과점적으로 시장을 차지한 업체는 지금까지 '문서화' 사무기기라는 관점에서 시장을 내다보고, 그 시장에서 자사의 지위는 확고할 것이라고 생각했을 것이다.

그러나 환경이 급속하게 변화하여 고유 영역을 초월한 컨버전스(Convergence)가 일어났다. 컴퓨터에서 통신회선을 통해 정보를 보낼 수 있는 프린터가 복사기 대신 사용되기 시작하면서 복사기의 사무실 내 위상이 떨어진 것이다. 또한 사무기기·정보시스템·통신회선을 세트로 판매하는 인터그레이터(Integrator)가 등장하여 복사기의 단독판매로는 경쟁할 수 없는 사태가 발생했다. 그 결과, 지금까지의 울타리 안에서 시장을 바라보던 방식은 더 이상 통용되지 않게 되었다.

시야협착의 상태에 있다보면 이러한 시장 영역의 급변에 의해서 '사각', 다시 말해 보이지 않는 여러 부분이 생기게 되어, 경우에 따라서는 이것이 치명타가 될 수도 있다는 말이다.

KKD 의존

비교적 역사가 오래된 기업이나 업계에 많은 현상이다. 시장을 분석하고 의사를 결정할 때, 경험, 감(感), 담력/배짱에만 의존하는 상태를 말한다. 이들의 머리글자를 따서 KKD*라고 부른다. 경험, 감, 담력은 모두 비즈니스에서 불가결한 중요한 요소다. 이것을 부

---

*KKD는 경험, 감, 담력/배짱을 뜻하는 일본어 발음 Keiken, Kan, Dokyo의 머리글자

인하지는 않겠다. 그러나 이 세 요소에만 의존하여, 데이터에 기초한 객관적·과학적 정량분석이나 확률론, 리스크 평가를 포함하는 의사결정방법을 활용하지 않으면 잘못된 의사결정을 하기 쉽다.

특히 과거와 불연속적인 시장변화가 일어나고 있을 때, 혹은 신규사업이나 해외시장 등의 새로운 영역에 진출하는 경우에는 지금까지의 경험이 도움이 되지 않아 KKD 의존 문제가 분출하는 일이 많다. 예를 들면, 소재업체 중에는 새로운 유통구조의 구축을 과제로 삼는 기업이 많은데, 그런 회사에는 '영업인생 30년의 영업사원'으로 불리는 베테랑 간부가 반드시 있기 마련이다. 그런 '영업인생 30년' 중에는 (전부는 아니지만) 객관적인 유통조사, 고객 데이터분석, 경쟁분석 등은 거들떠보지 않고 오로지 KKD에만 의존하는 사람이 있다. 과거의 성공담이 KKD의 토대가 되기 마련인데, 이는 유통구조를 새롭게 개혁하려고 할 때 커다란 '저항세력'으로 떠오르는 경우가 많다. 그러한 '영업인생 30년'의 간부가 전략을 결정하는 위치에 있는 경우에는 좀처럼 유통 혁신이나 새로운 영업방법의 채택 등이 진행되지 않는다.

고객은 왕이라는 착각

기업의 특성이나 역사와는 상관없이 극히 일반적으로 볼 수 있는 현상이다. '고객은 왕'이라고 믿는 나머지 모든 고객을 똑같이 대하거나 이익을 내지 못하는 고객에게까지 과잉서비스를 제공하는 반면, 중요한 고객은 충분히 관리하지 못하는 상태에 빠지는 것이다. 이렇게 되면 한정된 경영자원을 투입해야 할 중요한 고객에게 초점을 맞추지 못하고 자원이 확산되어 버릴 리스크가 크다.

분명 '고객은 왕'이지만, 모든 고객이 자사에 있어 왕인 것은 아니다. 자사에 왕이 될 만한 가치가 있는 고객만이 왕인 것이다. 그 점을 착각하면 초점이 분명한 비즈니스를 펼칠 수 없게 된다.

예를 들면 유니버설 서비스 의무, 다시 말해 관할지역 내의 모든 고객에게 평등·공평하게 전력을 공급할 의무가 있었던 전력회사의 간부 중에는, 여전히 이 '고객은 왕이라는 착각'을 하는 사람들이 눈에 띈다. 법률로 공급이 의무화되어 있는 고객은 물론 똑같이 취급할 필요가 있다. 하지만 그런 고객을 제외하고 공급이 자유화된 고객에 대해서는 대우에 차이를 두어도 상관없을 것이다. 그러나 실제로는 좀처럼 고객을 선별하거나 대우에 차이를 두지 못하고, 이익을 내지 못하는 고객에게까지 높은 비용을 들여서 서비스를 제공하려고 하는 경향이 있다. 때로는 이러한 요인이 고객을 엄격하게 선별해야 하는 신규사업 등에 악영향을 초래하기도 하는 것이다.

GNN 의존

유서 깊은 업계나 장기간의 거래 관계가 있는 기업 간에 자주 볼 수 있다. GNN*이란 의리(義理), 인정(人情), 정신적 의존의 머리글자를 딴 것이다. 고객과의 거래관계를 의리, 인정, 정신적 의존 등으로 대표되는 끈적끈적한 인간관계에만 의존하여 구축·유지하려고 하는 현상이다. 비슷한 현상으로 MKG가 있다. 이것은 마케팅(Marketing)의 약어가 아니라 마작(M), 가라오케(K), 골프(G)의 머리글자를 딴 것으로, MKG로 대표되는 친목을 통해서만 고객과의 친밀화를 꾀하는 현상이다.

GNN이나 MKG는 B2B 비즈니스에서 여전히 필요하지만, 최근 들어 그 중요도는 낮아지고 있다. 그럼에도 불구하고 이러한 친목관계를 유지하고 있으면 영업을 하고 있는 것처럼 오해를 하는 베테랑 영업 간부들이 많다. 이러한 상태에 빠지면 영업 간부는 평일 5시 이후부터 심야까지 그리고 주말에는 바쁘지만, 그 외의 평일 낮 시간에는 거의 활동하지 않는 경우가 많다. 또한 상대 거래고객도 비슷한 상태여서, 실적이 좋지 않은 기업이나 침체되어 있는 기업 중에 이러한 기업이 많다는 인상도 받는다.

최근 일본에서는 구매업무에 관여하는 사원은 어떤 형태로든 거

---

*GNN은 의리, 인정, 정신적 의존의 일본어발음 Giri, Ninjo, Naniwabushi의 머리글자

래기업이나 공급업체가 제공하는 MKG 등의 접대에 일절 응해서는 안 된다는 규정을 두는 회사가 늘어나고 있다. 이러한 움직임은 향후 점점 더 강해질 것으로 생각한다. GNN이나 MKG의 존재의의가 희박해지면 이러한 상태에 푹 젖어 있는 사람들은 앞으로 기업 간 관계를 어떻게 구축하면 좋을 것인가?

론 울프증

이것도 업계·기업에 상관없이 일반적으로 볼 수 있는 현상이다. 론 울프(Lone Wolf)란 '한 마리 늑대'를 말하며, 여기서는 단독행동을 즐기는 사람을 말한다. 이 요인에 영향을 받는 회사는 영업이 천성적으로 맞는 사람과 맞지 않는 사람이 있어서, 실적이 좋은 영업사원은 누구한테 배우지 않아도 혼자서도 판매를 잘 할 수 있게 된다고 믿고 있다. 슈퍼맨과 같은 영업사원을 몇 명 보유하는가가 실적을 좌우한다고 생각하고 있는 것이다.

이러한 회사에는 영업부서의 최고간부가 슈퍼맨적 영업사원 경험을 갖고 있는 경우가 많아서, 자신의 성공체험에 기초하여 그렇게 굳게 믿고 있기 때문에 좀처럼 이런 상태가 변하지 않는다.

그러한 영업 간부는 영업사원의 단독행동이나 독자적인 궁리를 요구하는 경우가 많고, 또한 영업방식의 개혁, 영업사원끼리의 성공·실패담의 교환, 스킬 향상을 위한 트레이닝 등에 대해서 서로 대화할 기회를 좀처럼 부여하지 않는 경우가 많다. 물론 천성적으로 천재적인 영업사원이나 단독행동에 뛰어난 사람도 있지만, 그런 사람은 어디까지나 소수에 불과하다. 대다수의 영업사원은 적성과 관계없이 우연히 영업사원이 된 사람들이다. 이런 사람들에게 론 울프를 기대하며 황야로 몰아내는 것인데, 고립되어 다른 맹수의 먹이감이 되기 십상이다.

가치자율실조

이것도 업계·기업에 상관없이 관찰할 수 있는 현상이다. 상품가치를 가장 잘 반영하는 가격을 설정하지 못하거나 또는 지나치게 비싸거나 싸게 팔고, 고객에게 있어서의 가치를 무시하고 가격을 결정해 버리는 일이 자주 일어나고 있다. 공통점은 가격을 컨트롤하지 못한다는 것이다. 그래서 '자율실조'라고 부른다.

제6장에서 상술하겠지만 그 근본적인 요인은 프라이싱, 즉 가격을 결정하기 위한 조직적인 체계나 체제가 없는 것에 있다. 고객의 가격에 대한 민감도, 고객에게 있어서의 정량화된 상품가치, 경쟁사의 가격체계 등 중요한 정보의 수집과 이해, 그것에 근거한 조직적인 의사결정이 이루어지지 못하는 것이다. 앞서 언급한 '프라이

싱의 암운'이 이것의 전형적인 예이다.

시야협착과 KKD 의존은, 시장을 정확하게 바라보고 객관적이고 정량적으로 평가하여 의사결정하는 데 방해요인이 된다. 고객은 왕이라는 착각과 GNN · MKG 의존은 중요고객을 인지하고, 그 고객과 지속적으로 높은 리턴(High Return)을 발생시키는 거래관계를 설계 · 구축하는 데에 있어서 방해요인이 된다. 론 울프증은 영업사원 역할의 고도화나 사업 · 고객에 적합한 최적의 접근을 방해하는 요인이다. 마지막으로 가치자율실조는 자사 · 고객에 있어서의 최적의 프라이싱을 방해하는 요인이다. 이러한 요인이 복합적으로 작용하여 마케팅 로직의 결핍을 초래하고, 영업전략을 기능부전에 빠뜨리며, 영업현장의 배회현상을 야기하여 그 결과 암운현상이 되어 나타나는 것이다.

이 외에도 여러 가지 요인이 존재하지만 여기서는 이 이상의 설명은 생략하도록 하겠다. 독자 여러분의 회사에도 분명 여러 가지 요인이 있을 것이라 생각한다. 한 번쯤 주위를 둘러보고 생각해보기를 권하고 싶다.

개선에 성공하면,
타사를 상회하는 성장과 수익 실현

지금까지 '마케팅 로직 결핍증'의 부정적인 면을 강조했는데, 이것을 긍정적으로 파악하여 실적향상의 커다란 기회로 삼을 수도 있다.

예를 들면, 〈도표 1-7〉은 〈도표 1-1〉에서 이미 소개한 화학업체 A사 영업사원의 경험년수와 실적과의 관계를 나타낸 그래프이다.

이제 여기서 평균 이하인 영업사원(나쁜 아이)의 실적을 철저한 교육훈련이나 엄격한 평가제도, 인센티브 제도의 도입 등으로 향상시켰다고 하자. 그렇게 하여 전체 평균치의 영업사원 수준까지 끌어 올린다. 다시 말해 '나쁜 아이'들을 '평범한 아이'까지 향상시킨다고 하자. 이것을 한결같이 실행할 수 있다면, A사의 매출은 연평균 15~20% 정도 향상될 수 있을 것이다. '나쁜 아이'의 절반은 노력하

<도표 1-7> '암운의 개선효과' 시뮬레이션 사례

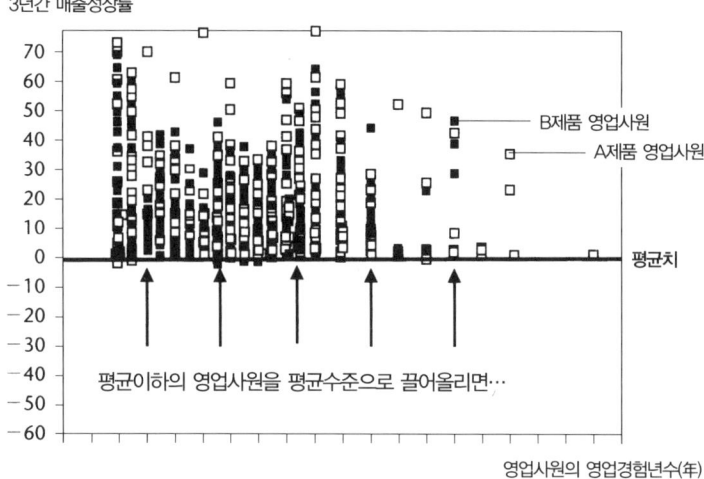

예) 화학업체 A사 영업사원의 경험년수 대비 실적

출처 : ⓒ BCG

더라도 커다란 개선을 기대할 수 없으므로 포기하고 전환배치나 조기퇴직을 시킬 수밖에 없다. 그러나 '나쁜 아이'의 절반이라도 '평범한 아이'의 수준에 근접시킬 수 있다면, 전체적으로 10%에 가까운 매출증가가 가능해지는 것이다. 매우 어려운 일이기는 하지만, 더 나아가서 '평범한 아이'들을 '좋은 아이'들의 수준까지 향상시킬 수 있으면 더욱 큰 실적개선을 기대할 수 있다.

실제로 A사와 같은 회사에서 필자와 몇몇의 컨설턴트가 영업사원의 레벨업 프로그램을 도입하는 프로젝트를 수행한 적이 있다. 전체적인 수준향상을 도모함과 더불어, 실적이 좋은 영업사원의 베스트 프랙티스(Best Practice)를 모든 영업사원이 공유하는 일도 추진하였다. 그 결과 두 자리수의 실적개선을 달성할 수 있었다.

'마케팅 로직 결핍증', 그 결과로 나타나는 영업현장의 배회현상은 B2B 비즈니스를 하고 있는 기업에서 보편적으로 나타나며, 게다가 자각증상도 별로 없는 성가신 문제다. 그런 만큼 개선하기도 매우 어렵다. 그러나 타사에 앞서 제일 먼저 개혁에 착수하여 '마케팅 로직'을 체내 흡수하는 데 성공한 기업은 타사를 웃도는 높은 성장이나 수익을 가져올 수 있는 가능성이 높다. 즉 다소의 곤란이 있더라도 전념해 볼 만큼의 가치가 있다고 할 수 있다. 암운이나 배회는 실은 '보물더미'의 상징이기도 한 것이다.

THE BCG WAY

제 2 장

기회를 재발견한다
시장을 과학화하는 기술

THE ART OF BUSINESS MARKETING

The BCG Way
The Art of Business Marketing

마케터는 시장의 생태학자

 마케팅 로직 결핍증을 극복하여 영업의 암운을 거두어 내고 전략을 올바르게 선택·실행하기 위해서는 제1보로서 '시장을 과학화'하는 것에서부터 시작할 필요가 있다.

 '시장을 과학화하다'라고 하면 어려운 말 같지만, 미분이나 적분 등의 복잡한 수학이나 고급 분석기술을 사용하는 것은 아니다. '시장을 과학화하다'라는 것은 '시장을 과학적으로 조망해 보다'라는 의미다.

 여기에는 세 가지 의미가 있다.

 첫째, 고객(Customer), 경쟁사(Competitor), 자사(Company)라는 이른바 '3C'의 모습을 있는 그대로 올바르게 파악하는 것이다.

 둘째, 3C의 제각각의 모습이나 3C간의 관계가 왜 그렇게 된 것인지를 이치에 맞는 형태로써 설명할 수 있도록 하는 것이다. 그러기 위해서는 우선 3C의 요소를 하나씩 좀 더 작은 요소로 분해하여 검토해 본다. 예를 들면, '몇 개의 고객 세그먼트로 나누어 본다', '다른 타입의 경쟁상대로 나누어 본다', '자사 제품이나 서비스를 타입별로 나누어 본다' 등이다. 나아가서 그러한 요소를 조합하여 재구성해보고, 전체적으로 이치에 맞는지 확인해보는 것이다.

셋째, 그렇게 재구성한 모습이 경제적으로 채산성이 있는지 숫자로 확인해 보는 것이다. 또한 파악된 모습이 자사에 있어서 어떤 의미가 있는가를 생각해보는 것이다.

생태학자가 삼림이나 숲을 관찰하는 모습을 떠올려보기 바란다. 우선 숲을 구성하는 동물, 곤충, 식물, 미생물 등의 생물을 조사한다. 그것을 분류하여 주요 동식물의 생태나 행동의 특징을 관찰한다. 다음으로, 하나하나의 동식물간에 어떠한 관계(경쟁관계, 공생관계, 관계 없음 등)가 있는지와 그 강약 정도, 다른 동식물에 대한 영향 등을 조사한다. 숲의 생물들이 어떠한 서바이벌 게임을 전개하고 있는가, 그 게임의 규칙이나 각각의 생물들의 강·약점 등을 평가하는 것이다. 또한 숲 전체에 영향을 줄 수 있는 기상조건이나 도시화 동향 등의 외부 환경변화도 관찰한다.

다시 말해, 우선은 숲 전체를 구성하는 여러 요소를 분해하여 조사해 보는 것이다. 그런 다음 분해한 여러 요소, 즉 동식물이나 환경조건 등을 다시 한 번 조합해보고, 어떻게 숲 전체가 구성되어 있는지, 그 숲 전체가 어떤 식으로 지금과 같이 이루어진 것인지, 앞으로 어떻게 될 것인지 등에 대해서 추론을 해보는 것이다. 아울러, 동식물·미생물의 개체수나 전체의 에너지, 물 등 자원의 균형을 측정해 보고 정말로 이러한 추론이 올바른지를 숫자로 확인한다.

이 '숲'을 '시장'으로, '동식물·미생물' 등을 '고객이나 경쟁사, 자사'로 바꿔 읽으면 고스란히 '시장의 과학화'가 들어맞는다. 다시 말해 '시장을 과학화하다'라는 말은, 생태학자가 숲을 조망하고 그 안의 생물들이 어떠한 게임을 펼치고 있는가를 조사해보는 것처럼 시장을 조망하는 것을 말한다. 시장을 과학적으로 관찰하고 자사에 있어서 최적의 전략을 생각하는 '마케터'는, 말하자면 시장이라는 숲을 관찰하는 '시장의 생태학자'라고 말해도 좋을 것이다.

다만 한 가지는 주의하여야 한다. 마케터는 생태학자와 거의 동일한 작업을 하지만 그 목적이 다르다. 생태학자는 마지막까지 숲의 바깥에 서서 '사람의 입장에서' 객관적으로 관찰을 하여, 최종적으로 인간에게 의미가 있는 숲에 관한 이론을 생각하는 것을 목적으로 한다. 이에 반해, 시장을 과학화하는 마케터는 처음에는 생태학자와 마찬가지로 숲의 바깥에서 객관적으로 숲이나 생물을 관찰하지만, 마지막에는 숲속에서 살아가는 동식물 중 하나로 변신하여 그 변신한 '동식물이나 미생물의 입장에서' 숲속에서 생존할 방책이나 번영할 방책을 생각해야만 하는 것이다.

다시 말해서, 숲속의 생물이 엮어내는 서바이벌 게임의 규칙을 이해하는 것뿐만 아니라, 그 속에서 살아가는 한 생물의 입장에서 어떻게 다른 생물과 싸울 것인가 혹은 공생할 것인가를 고민하고 그러기 위한 작전까지도 생각해야만 한다는 점이 다른 것이다.

이에 따라 숲의 서바이벌 게임을 이해하는 방식이 크게 변하게 된다. 예를 들면, 자신이 침엽수의 축축한 밑동에 기생하는 작은 이끼나 박테리아의 입장에서 숲의 환경을 평가하는가, 아니면 키가 큰 활엽수에서 떨어진 도토리를 먹는 다람쥐나 낙엽의 퇴적물을 즐기는 미생물의 입장에서 숲을 보는가에 따라, 같은 숲이라 하더라도 이해하는 방식이나 생존법칙이 달라진다.

마케터가 시장을 볼 때도 이와 마찬가지다. 최종적으로는 과학적으로 조망한 시장의 모습이 '자사(자사의 제품이나 서비스)에 어떠한 의미를 가지는가'를 생각해야만 하며, 이것이 마케터가 '시장을 과학화하는' 목적이다.

시장을 과학화하는 데
도움이 되는 네 가지 도구

시장을 과학적으로 조망할 때는 다음과 같은 질문을 먼저 생각해야 한다.

- 자사에 있어 시장은 매력적인가? 시장의 규모는 충분히 큰가? 시장은 성장하고 있는가? 제대로 하면 이익을 낼 수 있을 것인가? 그러한 상태를 어느 정도 지속적으로 유지할 수 있는가?
- 고객은 누구인가? 그중에서 소중한 고객은 누구인가?
- 그 고객을 둘러싼 경쟁에서 이길 수 있는가?

이런 질문들에 답할 수 있으면 적어도 이 비즈니스는 진지하게 검토할 가치가 있는지, 비즈니스의 방법을 구체적으로 검토하기 위해서 재차 돈이나 시간을 투입할 가치가 있는지 등을 알 수 있다.

이러한 질문들에 답하는 데는 여러 가지 방법이 있지만, 여기서는 컨설턴트가 잘 사용하는 방법 중에 네 가지를 소개하도록 하겠다.

① 영업기회 맵 : 시장의 어디에 사업기회가 있을지를 발견하는 방법
② 고객 세그먼테이션 : 어떤 고객이 중요한지를 발견하는 방법
③ 매출방정식 : 매출을 올리기 위한 레버리지를 발견하는 방법
④ 경쟁사 벤치마킹 : 경쟁사에 대해서 어디에서 승부할지를 검토하는 방법

다음에서는 구체적인 예를 들어 '시장을 과학화하는' 기본방법을 설명하겠다.

첫 번째 도구 — 영업기회 맵

영업기회 맵(Chance Map)은 '사업기회의 겨냥도'이다. 시장을 있는 그대로 조망하여 어느 부분이 가장 매력적인지를 대략적으로 파악하고 싶을 때 사용하는 방법이다. 다음에서 두 종류의 영업기회 맵-고전적 영업기회 맵과 밸류 체인에 대해 알아보자.

고전적 영업기회 맵의 구조

우선 〈도표 2-1〉을 살펴보자. 이것은 Y축을 그 시장의 신규고객과 기존고객으로 나누고, X축은 취급하는 제품이나 서비스가 신규분야인지, 기존분야인지를 기준으로 나누어 시장을 분류하고 있다. 예전부터 자주 사용하던 것이므로 '고전적 영업기회 맵'이라고 부른다. 독자 여러분도 어딘가에서 봤거나 써본 적이 있을 것이다.

이 고전적 영업기회 맵의 장점은 고객과 상품의 조합으로 시장을 비교적 간단하게 분류하여 생각해 볼 수 있다는 점이다. 예를 들면, 기존상품을 기존고객에게 더욱 확산하는 것을 '고객에의 확판',

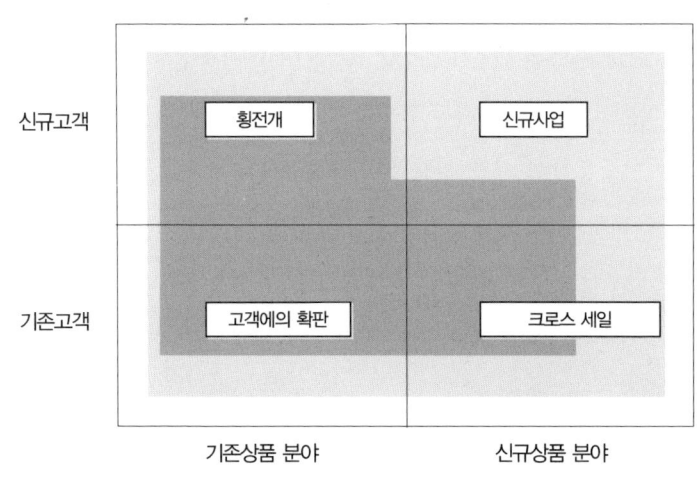

〈도표 2-1〉 **고전적 영업기회 맵**

기존상품을 신규고객에게 판매하는 것을 '횡전개', 기존고객에게 새로운 상품을 판매하는 것을 '크로스 세일(Cross Sale; 일괄판매)' 등으로 정의하여 각각의 시장과 공략법을 평가할 수 있는 것이다. 이 안에 각각의 시장규모·성장률 및 경쟁, 자사의 포지션 등을 넣어보면, 우선 어디쯤에 기회가 있을 법한지 대략적인 이미지를 파악할 수 있다. 당연한 말이지만, 전혀 새로운 상품을 새로운 고객에게 판매하는 '신규사업'이 가장 어렵다.

[사례] 산업기계 시장 분석

이 고전적 영업기회 맵을 실제로 응용해서 만든 예가 〈도표 2-2〉와 〈도표 2-3〉이다. 양쪽 모두 어느 산업기계시장을 실제로 분석한 예이다. 실례에서 숫자와 그래프 형태를 약간 변형하였다.

〈도표 2-2〉는 V에서 Z까지 제품분야별 시장을 X축으로 잡고 있다. 폭이 각각의 제품시장 규모를 나타내고 있다. 각 시장의 아래에 최근 3년 동안의 시장 성장률을 기입하였다. Y축은 각각의 시장별로, A사에서 M사까지 유력한 업체의 마켓 셰어를 기준으로 삼았다.

이 맵 한 장으로 여러 가지를 생각해 볼 수 있다. 지금 자신이 D사의 사원이라고 가정하고, D사가 앞으로 선택해야 할 시장에 대해서 생각해보도록 하자.

D사는 V에서 X까지의 제품시장에서 경쟁하며, 비교적 큰 V와 X 두 제품시장에서 각각 3~4번째의 위치를 차지하고 있다. 그러나 지

<도표 2-2> **영업기회 맵(전체 맵)**

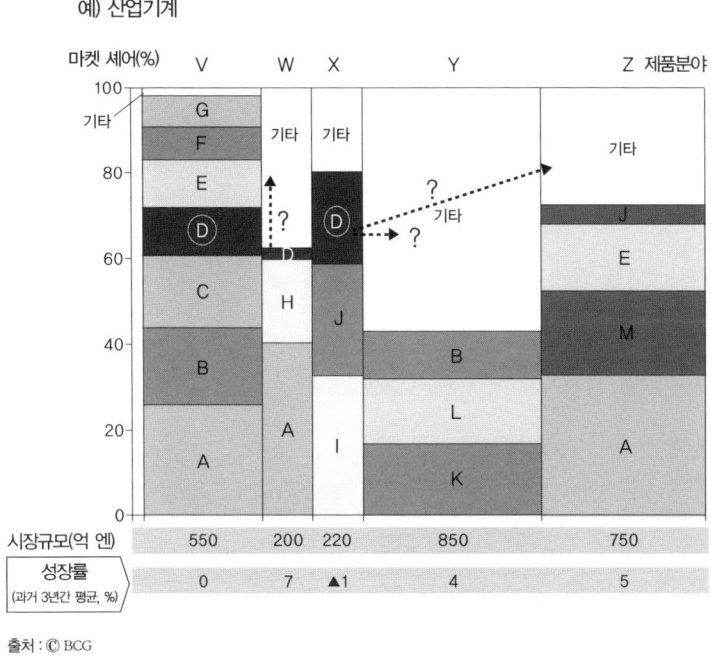

출처 : ⓒ BCG

금까지 유력한 시장이었던 V, X 두 제품시장 모두 성장을 멈추었다. 한편, 기존제품 중 성장성이 높은 W시장에서 D사의 지위는 아직 낮다. 이 시장에서는 상위의 두 개사가 이미 상당히 강력한 위치를 구축하고 있다. 다른 시장을 보면, Y나 Z의 제품시장은 규모도 크고 성장성도 높아서 매력적이다. 그러나 D사는 아직 이 시장에 거의 진입하지 못하고 있다.

그렇다면 D사는 앞으로 어떤 시장을 선택하면 좋을까? 당연한 말이지만, 앞으로 그다지 시장이 성장하지 않고 과점상태로 진행될 V나 X는 '수성'의 시장이므로 더 이상 자원을 투입하지 말아야 할 것이다. 또한 기존제품이 있고 시장이 성장하고 있는 W에서는 상위 두 개사와 나란히 마켓 셰어를 어떻게 향상시킬 것인지가 과제이다.

문제는 Y나 Z이다. 성장하고 있으며 게다가 큰 시장이지만, D사의 실적은 미약하고 본격적으로 진입하여 이길 승산이 있을지 의문이다. 이를 알아보기 위해 Y와 Z 시장만을 대상으로 개별제품의 영업기회 맵을 작성해 보기로 하자. 그 일례가 〈도표 2-3〉이다. 이것은 Z제품 시장을 대상으로 고객업종별, 설비의 구입시기별로 겨냥도를 만들어본 것이다.

〈도표 2-3〉을 보면, 반도체나 전기 등의 고객층에 있어서는 최근에 설비의 구입이 이루어져 그에 따라 시장이 성장하였다는 사실을 알 수 있다. 그러나 주요 설비의 갱신은 일단락되어서 앞으로 시장이 축소되리라는 점도 알 수 있다.

한편, 운송이나 일반제조 등의 시장에서는 설비의 갱신이 아직 많이 이루어지지 않았다. 특히 운송시장은 규모가 크고 노후설비가 많아서, 앞으로 설비갱신이 본격화되면 기회가 많은 시장이라는 것을 읽을 수 있다. 또한 D사에 있어서 중요한 사실은 이 운송시장의 고객이 앞서 본 V나 X와 같은 D사가 비교적 강한 제품의 기존고객과 동일하다는 점이다. 즉 앞으로 성장성이 있어 보이는 Z제품 시장의 고객과 D사의 기존고객이 동일할 가능성이 높은 것이다.

〈도표 2-3〉 **영업기회 맵(개별 맵)**

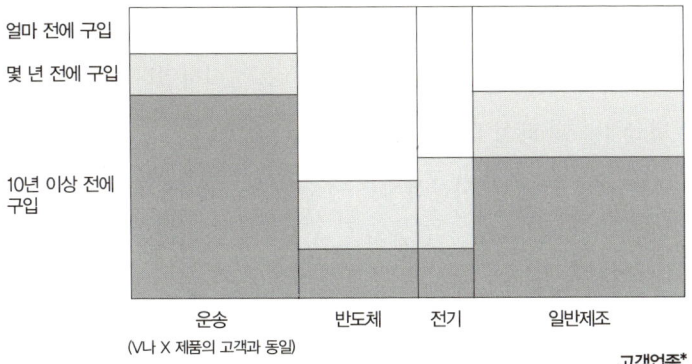

출처 : ⓒ BCG

    D사는 지금까지 Z제품 시장의 전개에서는 뒤처져 있었기 때문에 새롭게 Z제품을 개발해야만 한다. 다만, 완전히 새로운 고객시장으로의 신규진입이 아니라, 기존고객과의 관계를 이용한 '크로스 세일'의 방법을 취할 수 있는 가능성이 생기는 것이다(크로스 세일은 동일한 고객에게 자사의 여러 가지 제품·서비스를 판매하는 것을 말한다). 이것은 신규시장에 완전히 제로 상태에서 진입하는 것보다는 비교적 쉬우므로 검토해 볼 만한 가치가 있을 것이다. 실제로 D사는 Z제품 시장을 더욱 상세하게 조사한 후 그 시장에 크로스 세일 방식으로 진입하는 전략을 채택하였다.

어떠한가? '영업기회 맵'을 사용하면 이러한 논의를 할 수 있는 것이다.

고전적 영업기회 맵의 작성법

영업기회 맵의 작성법을 〈도표 2-4〉로 정리하였다. '전체 맵 작성'과 '개별 맵 작성'의 2단계로 나누어 놓았다.

'전체 맵 작성'은 시장전체를 제품이나 고객 등 몇 개로 구분하여 각각의 세그먼트별로 시장의 규모나 성장성, 주요 플레이어, 마켓 셰어, 자사의 포지션이나 대응가능성 등을 한 장의 지도로 정리하는 것이다. '맵(map; 지도)'이므로 가능한 한 한 장으로 만들어 전체상을 파악할 수 있도록 하는 것이 포인트다. 앞서 소개한 〈도표 2-2〉가 대표적인 예이다. 이 맵을 작성하는 데 필요한 정보는 시장통계 데이터, 업계 단체·업계지 등의 데이터, 경쟁사의 홈페이지나 IR정보, 자사의 영업정보, 주요 조사회사의 조사리포트 등으로 거의 커버할 수 있다. 대부분은 공개정보이다. 극히 특수한 분야가 아니라면 그다지 가공하지 않고도 작성할 수 있는 경우가 많다.

한편, 조금 어려운 것이 '개별 맵 작성'이다. 이것은 전체 맵에서 매력도가 높다고 판단한 세그먼트에 대해서 좀 더 심도 있게 기회를 살펴보고자 작성하는 것이다. 시장을 더욱 세분하여 각각의 특징을 보는 것이다. 예를 들면 고객의 특징, 사용되는 용도나 기술, 신제품 등 시장을 변화시킬 가능성이 있는 요인, 주요 경쟁사의 동향 등을

<도표 2-4> **영업기회 맵 작성의 프로세스(개념도)**

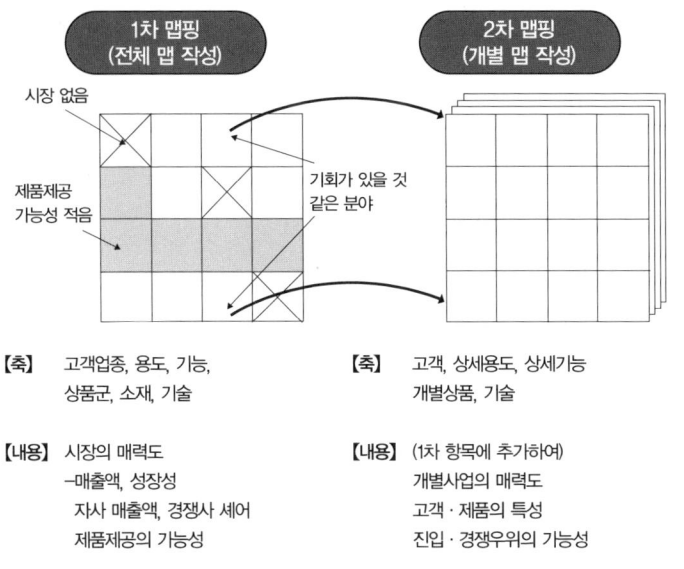

출처: ⓒ BCG

집어넣는다. 대부분의 정보는 전체 맵과 마찬가지로 공개정보로 마련할 수 있지만, 고객이나 경쟁사에 관한 정보는 공개정보로는 불충분한 경우가 자주 있다.

다만, 자사가 어떤 형태로든 진입하고 있는 분야나 그 근접분야에 대해서는 자사의 영업사원들이 뜻밖일 정도로 정보를 갖고 있는 경우가 많다. 예를 들면, 앞서 소개한 〈도표 2-3〉은 Z제품의 고객과 기존설비의 갱신가능성에 관해서 작성된 맵인데, 우연히 D사의 영업사원이 수집한 고객 관련 영업정보 중에 Z제품의 구입에 관한 데이터가 분산되어 포함되어 있는 것을 활용한 것이다. 그것으로 부족한 부분은 주요 잠재고객에게 간단한 설문조사를 하여 보충하였다.

어찌 되었건, 영업기회 맵은 자사에 있어서 흥미로운 시장이 어디인지를 적중시키는 데 사용한다. 지나치게 정교하게 작성하지 않아도 된다. 대략적이어도 괜찮다. 정보수집 또한 대략적으로 해도 괜찮다. 그 이상의 상세한 정보 수집은 그 시장을 공략하기로 결정한 후에 좀 더 시간과 자원을 들여서 실시하면 된다.

밸류 체인을 이용한 영업기회 맵

밸류 체인(Value Chain)은 최근 도처에서 사용되고 있다. 이는 하버드 비즈니스 스쿨의 마이클 포터 교수가 최초로 제창한 개념인데, 〈도표 2-5〉처럼 기업 활동을 '고객에게 가치를 제공하기 위한 여러 활동의 연쇄'로서 파악하고 기업이 그 중 어느 부분에서 경쟁우위를 구축할 것인가를 검토하는 프레임워크다.

산업차원의 밸류 체인

생산재 등의 분야에서는 이 밸류 체인의 개념을 기업레벨에서 산업레벨로 한층 확대하여, 어디에 사업기회나 위협이 있는가를 탐지하기 위해 사용하는 일이 늘어나고 있다. 이른바, 밸류 체인의 영업기회 맵으로서의 활용이다.

〈도표 2-5〉 **자주 사용되는 밸류 체인**

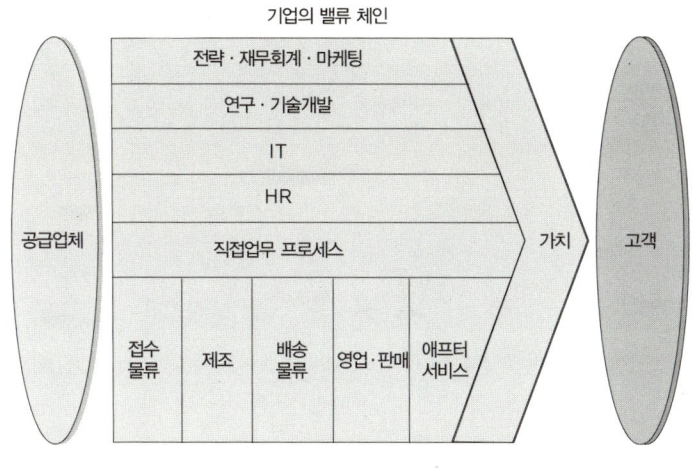

출처 : ⓒ BCG

〈도표 2-6〉이 하나의 예이다. 이것은 PC업계 전체의 밸류 체인의 변화를 나타내고 있다. 예전에는 IBM 같은 거대 회사가 컴퓨터의 개발에서 판매까지 밸류 체인의 모든 부분을 수직 통합하고 한 번에 일관화하여 사업을 전개하고 있었다. 그것이 90년대에 들어서면서 밸류 체인의 각 부분에 특화한 기업이 출현하였고, IBM 같은 통합기업의 가장 유리한 부분을 침식하면서 성장하였다. 그 대표적인 예가 OS에 특화한 마이크로소프트(Microsoft), CPU에 특화한 인텔(Intel)이다. 게다가 90년대 후반에는 델(Dell)처럼 개발, 마케팅, 판매 외에는 거의 아웃소싱을 하는 플레이어가 등장하여 시장의 주도권을 잡기 시작하였다.

<도표 2-6> **밸류 체인을 사용한 영업기회 맵**

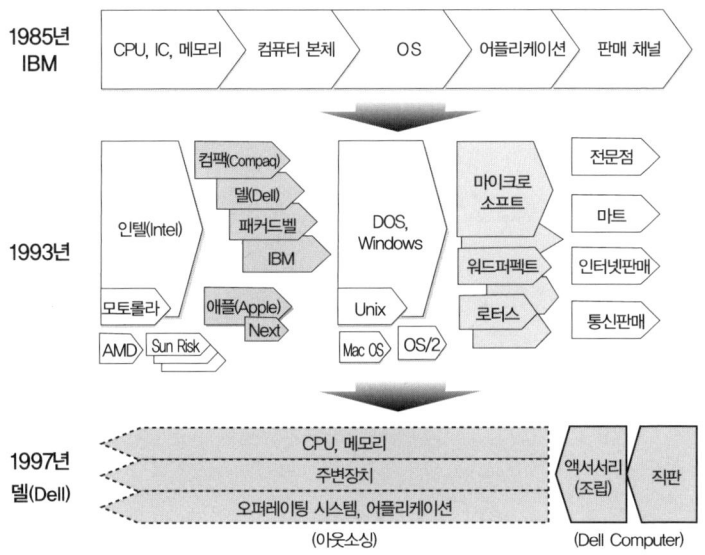

출처: ⓒ BCG

요컨대, 일개 기업 수준의 밸류 체인을 보는 것만으로는 부족하고, 산업 전체의 밸류 체인을 보고 다수의 기업 간에 어떠한 식으로 분담하여 산업을 구성하고 있는지, 앞으로 그 구성은 어떤 식으로 변화해 갈 것인지를 파악하는 것이 가장 중요한 과제가 될 것이다. 또한 "업계를 구성하는 주요업무 중에서 어디를 담당해야만 하는가?", "어디가 가장 매력적이며 경쟁우위를 구축할 수 있는 가능성이 높은가?"라는 질문에 대답하기 위해서 이 밸류 체인을 사용한 영업기회 맵의 활용이 더없이 중요해진 것이다.

〈도표 2-7〉에 밸류 체인을 축으로 정리한 사업모델의 예를 들어 놓았다. 인터그레이터(Integrator), 레이어 마스터(Layer Master), 오케스트레이터(Orchestrator), 마켓 메이커(Market Maker), 퍼스널 에이전트(Personal Agent) 등 다양한 모델이 있으니 참고하기 바란다.

원재료, 부품, 부재료의 밸류 체인

퍼스널 컴퓨터 액정패널의 예를 한 가지 더 생각해보자. 샤프나 삼성 같은 패널업체는 부품이나 재료를 액정패널로 최종 조립하는 공정을 담당하고 있지만, 최종 조립에 이르기까지의 패널공정*을 보면 〈도표 2-8〉에서 보는 바와 같이 여러 가지 부품이나 원재료의 비즈니스가 발생하고 있다. 밸류 체인을 구성하는 부품·원재료를 각각 자세히 살펴보면, 비교적 소수 유력 플레이어의 과점구조인 시장이 많다는 것을 알 수 있을 것이다.

이러한 과점구조의 시장이 생기면 그 승자그룹의 메이커는 대단히 높은 수익을 챙길 수 있게 된다. 예를 들어 니토덴코(Nittodenko, 日東電工)처럼 복수의 핵심재료에서 시장리더가 되면 액정패널 조립 메이커를 훨씬 능가하는 이익률을 달성할 수 있다. 따라서 자사가 방대한 밸류 체인의 어디를 담당하는 것이 가장 상책인지를 생각한

---

*액정패널의 조립공정은 패널(TFT, 액정), C/F, 모듈공정으로 나눌 수 있다.

<도표 2-7> 밸류 체인의 재편성에 의한 새로운 사업모델

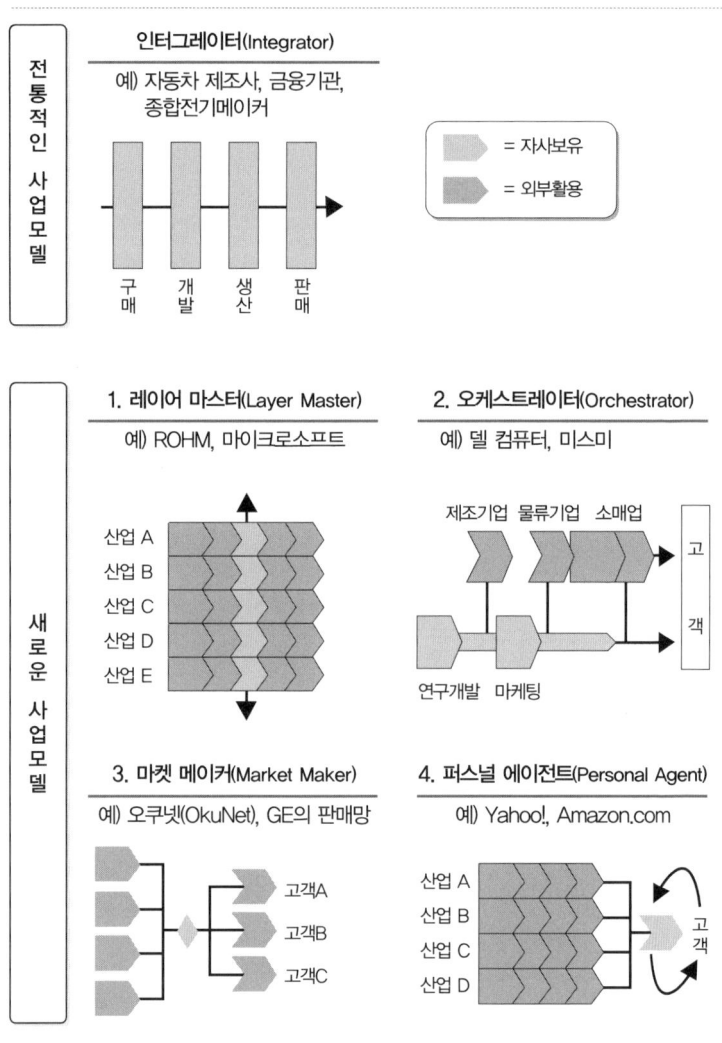

출처: ⓒ BCG

<도표 2-8> **액정패널공정의 주요 재료와 업체**

주요재료	시장규모 (2002년 억 엔)	주요 업체와 마켓 셰어
CF(TFT용)	1,800	TOPPAN / DNP(ACTI) / TORAY / 삼성SDI / 기타
편광판(TFT용)	1,100	NITTODENKO / SANRITZ / SUMITOMO화학 / 기타
액정(TFT용)	260	MERCK / CHISSO / POLATECHNO / 기타
포토레지스터	220	Clariant Japan / TOK / 시브레이 / 기타
C/F용 안료분산재료	270	FUJIFILM ARCH / TOYO INK / JSR / INC TEC / 기타
수지BM재료	10	FUJIFILM ARCH / TOK / 기타
포토마스크	140	HOYA / SKI Electronics / 기타
배향막재료	80	Nissan화학 / JSR / chisso / 기타
Seal재	20	미츠이화학(MITUI Chemicals) / 기타
스펜서	50	SEKISUI화학 / 나나코 / NIPPON Shokubai / 일본전기초자(Nippon Eletric Glass) / 기타
TAC필름	320	FUJIFILM / KONICA
AG필름	190	NITTODENKO / DNP / LINTEC / 기타
시야각보상필름	320	FUJIFILM / 기타
휘도향상필름	380	SUMITOMO3M / NITTODENKO
보호필름	140	SUN A KAKEN / FUJIMORI공업 / HITACHI Chemical / NITTO-DENKO / SEKISUI화학 / 기타
AR필름	170	일본유지(NOF) / SOUTHWALL TECHNOLOGIES / SONY-EMCS / ASAHI GLASS / TOYO메탈라이징 / 기타

출처 : 전자저널 「LCD패널·재료 데이터북」 후지키메라종합연구소, BCG 분석

후에 밸류 체인의 각 구성요소에 있어서 플레이어의 구조, 시장규모, 성장성 등을 맵화하여 이해하는 것이 대단히 중요한 것이다.

이 밸류 체인에서는 후공정의 기업이 고객이 된다. 일단 공급관계가 생기면 자사의 부품이나 재료는 후공정 기업(고객)의 제조공정에 편입되게 되므로, 공급자와 고객의 관계는 고정화되기 쉽다. 그리고 후공정 기업이 승자그룹이 되면 그 여세로 그 기업에 공급을 하고 있는 전공정 기업의 실적도 향상된다. 반대로, 후공정 기업이 패자그룹이 돼버리면, 그 여파로 그 기업과 공급관계를 맺고 있는 전공정 공급업체의 실적도 주춤거리게 된다. 요컨대, 전과 후의 공정 기업이 "같은 배를 탄 공동운명체"와 같은 관계이므로, 누구를 고객으로 선택하여 협력하면 좋을까가 중요한 의사결정이 되는 것이다.

또한 전공정의 시장구조를 보았을 때, 진입기업이 많은 분산시장이라면, 후공정의 기업은 조달처를 다양화하여 서로 경쟁시킴으로써 코스트나 공급조건을 유리하게 만들기 쉽다. 반대로, 전공정의 시장이 과점화되어 극소수의 메이커가 좌지우지하고 있으면, 후공정 기업은 매입의 유연성을 상실하고 전공정 과점기업의 영향을 받기 쉬운 것이다. 다시 말해서, 이러한 밸류 체인을 형성하고 있는 업계에서는 자사가 존재하는 시장뿐만 아니라, 전공정의 시장 구조도 잘 살펴둘 필요가 있다. 그렇기 때문에도 밸류 체인 맵은 매우 유효하다.

이제 밸류 체인 맵의 위력을 이해했을 것이다. 이 맵을 작성하는 것은 끈기만 있으면 그다지 어렵지 않다. 여기에서 소개한 것처럼 복잡하고 거대한 밸류 체인을 지닌 산업은 PC나 액정패널 외에도 있다. 예를 들어 자동차, 철강, 반도체 등 연관이 많은 산업은 전부 이러한 구조를 지니고 있다. 이러한 분야에 대해서는 각각의 산업구조나 주요 플레이어를 분석한 다수의 보고서가 출판·보도되고 있다. 그런 보고서 등을 기초로 하여 시장구조를 대략적으로 표현하고, 추가적으로 개별시장의 마켓 셰어나 규모, 성장성을 조사하거나 추정해보면 대략적인 그림은 완성할 수 있다. 한 번 작성해두고 정기적으로 업데이트하면 되므로 매우 편리하다.

두 번째 도구 ─ 고객 세그먼테이션

세그먼테이션(Segmentation)이란 고객층을 한 종류의 단일한 특성을 가진 고객으로 생각하지 않고 니즈 차이, 자사에 있어서의 의미·중요도의 차이, 자사가 취할 어프로치의 용이성 등의 관점에서 상세하게 분류하고 각각의 우선순위를 매겨서, 고객에 대한 대우를 바꾸는 것을 말한다. 마케팅 교과서에도 기본 중에 기본으로 소개하고 있으므로 독자 여러분도 익히 알고 있을 것이다.

기본 중의 기본이기는 하지만 안타깝게도 제대로 실천하는 기업은 적은 실태이다. 앞장에서 소개한 '고객은 왕이라는 착각'도 고객 세그먼테이션이 불충분하여 '모든 고객을 왕'으로 동일하게 대우했기 때문에 발생하는 것이다. "세그먼테이션 정도는 알고 있는데……"라고 경시하지 말고 다시 한 번 확실히 파악해 두자. 여기서는 다음의 세 가지에 한정하여 소개하도록 하겠다.

- B2B 비즈니스의 고객 세그먼테이션
- 다이내믹 세그먼테이션
- 좋은 세그먼테이션의 조건

B2B 비즈니스의 고객 세그먼테이션

소비자 대상의 비즈니스와 기업·법인 대상의 비즈니스는 세그먼테이션의 방법이 상이하다. 소비자를 대상으로 할 때는 고객의 연령이나 성별, 직업, 주소, 학력, 소득, 기호, 라이프스타일 등 개인 소비자의 속성이 분류의 가장 중요한 기준이 된다. 반면, 기업·법인 대상에서는 조직으로서의 비즈니스 행동 특성이나 니즈의 세련도·고도화 레벨, 가격민감도 등이 세그먼테이션의 가장 중요한 기준이 된다. 그것을 정리하면 〈도표 2-9〉와 같다.

비즈니스 면에서의 행동특성으로는 고객기업의 의사결정 프로세스나 구매의 협상력, 가격민감도, 공급업체와의 인터페이스(Interface)에 대한 요구(예를 들면 접촉빈도, 톱 세일즈의 중요도 등) 등을 하나의 축으로 평가·분류한다. 또 하나의 축은 고객기업의 니즈 세

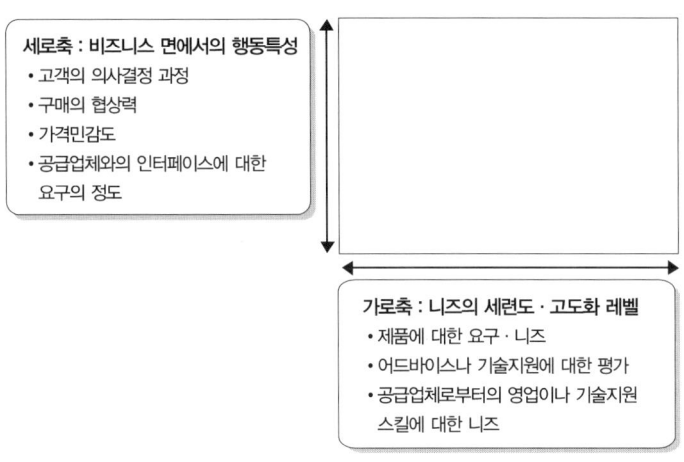

〈도표 2-9〉 B2B 비즈니스의 고객 세그먼테이션

련도 · 고도화 레벨로 분류한다. 여기서는 제품이나 서비스에 대한 요구나 니즈의 레벨, 공급업체로부터의 어드바이스나 기술지원 등에 대한 평가, 제품 이외의 컨설팅 등에 대한 니즈 등을 평가한다.

이러한 평가항목은 그 자체를 정량 평가한 데이터가 존재하고 비교적 용이하게 입수할 수 있으면 다행이지만, 실제로 그러한 데이터는 거의 존재하지 않는다. 따라서 실제로 세그먼테이션을 실행할 경우에는 이러한 평가항목 대신에 그것과 상관관계가 강할 것 같은 것을 선택하여 대용지표로 사용하게 된다. 그것을 정리한 것이 〈도표 2-10〉이다.

비즈니스 상의 행동특성을 어느 정도 나타낼 만한 대용지표로는

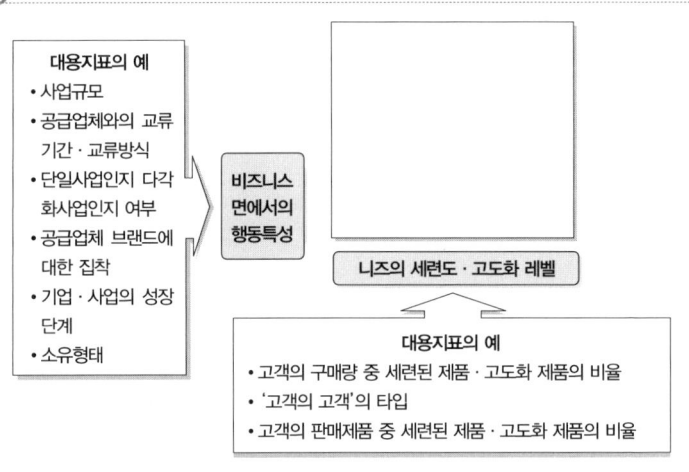

〈도표 2-10〉 B2B 비즈니스의 고객 세그먼테이션 대용지표의 예

출처: ⓒ BCG

기업·사업 규모의 대소(大小)나 고객과의 교류기간, 소유형태 등이 있다. 예를 들어, 규모가 큰 기업이라면 중소기업에 비해서 의사결정이 다단계이며 복잡한 프로세스를 거친다. 구매교섭력이 강하고 가격민감도가 낮으며, 공급업체의 브랜드나 거래실적에 집착하는 등의 일반적인 경향이 있어서 대용지표로서 충분히 사용할 수 있다. 또한 소유형태(오너계열, 공기업계열 등) 등도 행동특성에 상당히 영향을 미친다.

한편, 니즈의 세련도나 고도화에 관해서는 구매량 중에 차지하는 세련된 제품·고도화 제품의 비율이나 고객이 어느 정도 품질에 까다로운 고객을 지니고 있는지 등이 중요한 대용지표가 된다. 예를 들면, 고객의 고객이 고급차 제조사인지 경자동차 제조사인지에 따

〈도표 2-11〉 **고객 세그먼테이션의 예**

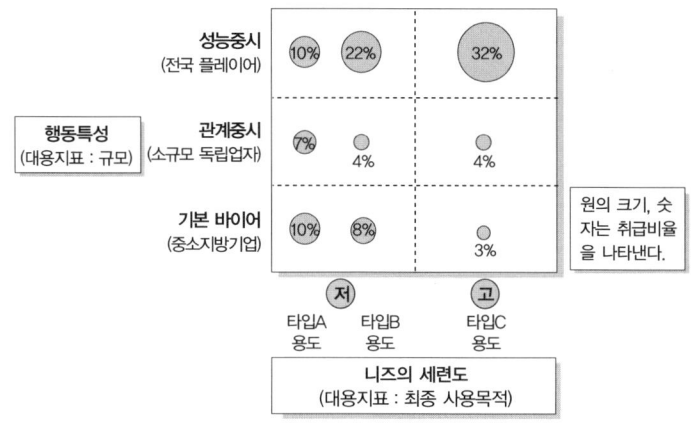

출처 : ⓒ BCG

라 당연히 부품이나 재료에 대한 니즈의 세련도가 다를 것이라고 생각할 수 있다.

여하튼, 대용지표는 객관적인 데이터이면서 또한 비교적 간단하게 입수할 수 있다는 것이 중요하다.

이 방식으로 실제로 고객을 세그먼테이션 한 예가 〈도표 2-11〉이다. 이것은 건축자재회사의 고객 100개사를 행동특성(대용지표로는 '고객의 기업규모')과 니즈의 세련도(대용지표로는 '재료의 최종 사용목적')의 두 가지 축으로 분류한 것이다. 그 결과, 모든 고객은 9개의 세그먼트로 정리되어 있다. 원은 각각의 세그먼트에 대응하며, 원의 크기는 전사 매출 중 각각의 세그먼트 고객이 차지하는 비율을 나타낸다.

이 기업은 종래 고객을 타입으로 나누지 않고 일률적으로 볼륨 디스카운트를 시행해 왔다. 그러나 세그먼테이션 결과를 보면, 니즈가 다른 다양한 고객이 있다는 사실을 알 수 있다. 특히 성능을 중시하는 고객이 전체의 60%가 넘는다. 또한, 니즈가 세련된 고객의 비율도 전체의 40%에 이른다. 이러한 고객은 제품의 성능과 서비스의 질을 높게 평가하고, 반드시 가격에 민감한 것은 아니다.

이 세그먼테이션의 결과를 보고 건축자재회사는 영업방침을 수정하였다. 성능을 중시하거나 니즈의 세련도가 높은 고객 세그먼트에 대해서는, 가격인하 판매보다 제품성능에 대한 어필이나 부가가치가 높은 서비스의 제공을 강화하여 가격인하폭을 억제하기로 하였다. 한편, 도표의 좌측 하단에 나타난 가격을 중시하고 니즈도 그다지 세련되지 않은 고객은 서서히 선별해 나갔다. 그 결과 이 회사는 대폭적인 수익개선 달성에 성공했다. 세그먼테이션은 잘 활용하면 엄청난 위력을 발휘한다.

다이내믹 세그먼테이션

세그먼테이션은 매우 강력한 도구지만 잘못 사용하면 큰일이다. 자주 눈에 띄는 실패는, 한 번 세그먼테이션을 실행하면 그것을 고정화시켜 수정하지 않는 것이다. 시장은 어지러울 정도로 변화한다. 고객 세그먼트도 마찬가지로 빈번하게 변화한다. 세그먼트를

〈도표 2-12〉 **기업대상 PC 시장에서의 세그먼트의 변화**

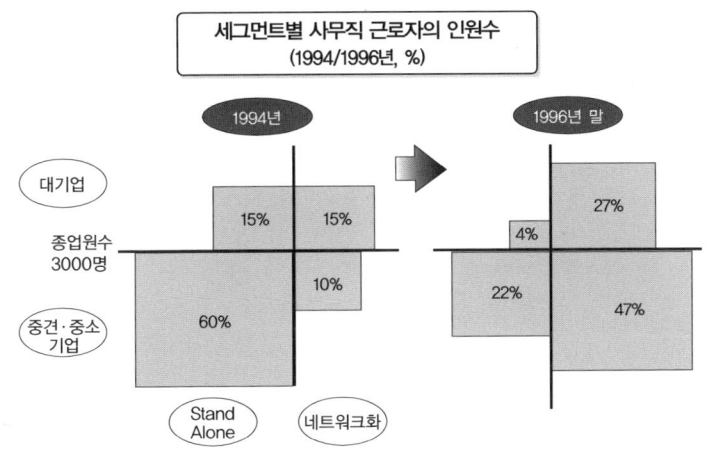

출처 : ⓒ BCG

장기적으로 고정시켜 생각하다 보면 낭패를 보기 십상이다. 세그먼트를 고정하지 않고 때때로 수정하여 변화의 방향성을 간파하는 것을 '다이내믹 세그먼테이션'이라고 한다.

〈도표 2-12〉는 그 예이다. 이 예는 약간 오래되었는데, 기업대상의 PC 시장에서 실시한 고객 세그먼테이션을 1994년과 1996년의 두 시점에서 비교한 것이다. 세그먼테이션은 기업규모와 PC의 네트워크화 정도라는 두 축으로 실행하고 있다. 각각의 세그먼트에 속한 사무직 근로자의 숫자로 세그먼트의 규모를 나타내고 있다.

1994년 단계에서는 그래프의 우측, 즉 네트워크에 연결되는 PC의 비율은 아직 작고 독립형(Stand Alone), 즉 PC 단독판매가 전체의

3/4을 차지하고 있었다. 특히 전체시장의 60%를 중견·중소 기업을 대상으로 하는 PC 단독판매가 차지하고 있다.

그런데 1996년의 그래프를 살펴보면 세그먼트가 크게 변화하였다. 그래프의 우측, 다시 말해 네트워크에 연결되는 PC의 비율이 전체의 3/4에 달하고 있다. 즉 독립형인 PC 판매만으로는 안 되고, 네트워크 기술이나 그 소프트웨어, 서비스 등과 세트로 공급하거나 한 번에 대량의 PC를 네트워크화 할 수 있는 능력이 요구되고 있다.

만약에 한 PC 제조회사가 1994년의 세그먼테이션 결과를 바탕으로 중견·중소 기업 대상의 독립형 PC 판매에만 주력했다면 어떻게 되었을까? 아마도 대규모 네트워크화라는 변화의 시류에 뒤졌을 것이 틀림없다. 여기에 세그먼트를 고정시켜 파악하는 리스크가 잠재하고 있다. 진출해있는 사업의 라이프사이클의 '속도감'에도 달려 있지만, 적어도 2~3년에 한 번씩은 세그먼테이션을 재고하여 시장의 실태·변화를 적절하게 반영하고 있는지, 세그먼트는 어떤 방향으로 변화하고 있는지를 확인해야 하는 것이다.

좋은 세그먼테이션의 조건

컨설턴트로서 지금까지 고객이 작성한 수많은 세그먼테이션을 볼 기회가 있었지만, 제대로 작성된 것은 의외로 적은 편이었다. 좋은 세그먼테이션은 어떠한 것인지, 그 조건을 다음에서 열거해 보기로 하겠다.

[조건1] 식별 가능할 것

어떤 고객을 임의로 선택했을 때 어느 세그먼트에 속해있는가가 명확할 것. 그러기 위해서는 세그먼트의 분류기준이 객관적인 대용지표에 근거하고 있어 그 지표를 조사하면 개별고객이 어느 세그먼트에 속하는지를 명확하게 알 수 있어야 한다.

[조건2] 잠재고객도 포함하고 있을 것

모든 고객은 반드시 한 세그먼트에 속하도록 작성할 것. 또한 자사의 기존고객뿐만 아니라, 지금까지 거래가 없는 고객이나 경쟁사의 고객 등도 포함한 타깃시장 전체의 고객에게 적용할 수 있어야 한다.

[조건3] 실질적일 것

압도적으로 다른 세그먼트를 능가하는 하나의 커다란 세그먼트가 존재하지 않도록 적절하게 분류해 둘 것. 그러나 세그먼트를 20~30개까지 지나치게 세분화하는 것도 추천할 수 없다. 왜냐하면 개별적으로 대응책을 고려할 수는 있어도 실행이 불가능하며, 경제적으로도 성립되지 않기 때문이다. 보통은 5~10개 정도가 타당한 수준이다.

[조건4] 측정 가능할 것

그 세그먼트에 속한 고객의 숫자를 셀 수 있을 것. 또한 그것으로 세그먼트의 규모, 성장성, 구매력, 거래비용 등 자사에 있어서의 의미를 측정할 수 있는 것이 중요하다.

　세그먼테이션의 좋고 나쁨을 가장 효과적이고 실질적으로 테스트하는 방법은, 자사의 영업사원에게 세그먼테이션의 중간 결과를 프레젠테이션 해보고 그들의 현장감각이나 영업기질에 맞는지를 물어보는 것이다.

　영업사원은 기존고객의 행동이나 기업특성의 차이, 자사에 있어서의 의미나 거리감 등을 근거로 시장을 막연하게 어느 정도의 세그먼트로 나누어서 파악하고 있다. 그 중에는 잘못된 견해도 있지만, 대부분은 그 나름대로의 이유가 있다. 세그먼테이션의 분석이 끝나면 먼저 영업사원에게 보여주어 그러한 현장 감각에 부합하고 있는지를 확인해 보도록 한다. 적어도 60~70%가 맞지 않으면 비현실적인 탁상공론에 불과한 경우가 많다. 그런 경우에는 한 번 더 세그먼테이션을 수정할 필요가 있다.

　다만, 완전히 영업사원들의 주장에 맞추려고 하면 오히려 기존고객 중심의, 그것도 영업의 용이함을 기준으로 하는 세그먼테이션이 되기 십상이다. 영업사원과의 현장감 공유는 필요하지만, 어느 정도 어긋나는 것은 새로운 전략적 방향을 찾아내는 데도 불가결하다. 이러한 균형 감각이 세그먼테이션을 적절하게 실행하는 급소이다.

세 번째 도구 — 매출방정식

매출방정식이란 매출이 무엇에 의해 오르고 내리는지 몇 개의 요인으로 인수분해하여, 그 중에서 매출신장에 가장 효과적인 요인을 검토하는 방법이다. 매우 파워풀한 방법이므로 부디 시행해 보기 바란다. 구체적인 예를 소개해 보겠다.

소비재의 매출방정식

알기 쉽게 설명하기 위해서 먼저 소비재의 매출방정식을 소개하겠다. 〈도표 2-13〉은 그 일례다.

어떤 제품의 매출을 향상시키려고 한다고 하자. 그러기 위해서는 먼저 [구매고객수×고객 1인당 구매단가(고객단가)]의 어느 한쪽 또는 양쪽을 올릴 필요가 있다. 구매고객수를 늘리기 위해서는 [타깃 인구×인지율×매장접촉율×구입률]의 어느 한쪽 또는 각각의 조합으로 올려야 한다. 한편, 고객단가를 올리기 위해서는 [연간구입횟수×1회당 구입점수×1점당 상품단가]의 어느 한쪽이나 또는 그 조합으로 올려야 한다.

다시 말해, 이 제품의 매출을 올리기 위해서는 이러한 요소의 어느 쪽을 올려야만 하는 것이다. 이것이 우선 중요한 포인트이다. 어느 요소에 대해서 조치를 취해야 매출향상에 가장 효과적인가를 이것으로 알아내는 것이다. 특히, 각각의 요소에 대해서 경쟁제품 등

〈도표 2-13〉 **왜 매출이 오르고 내려가는지를 이해하는 프레임워크**

예) 소비재의 매출방정식

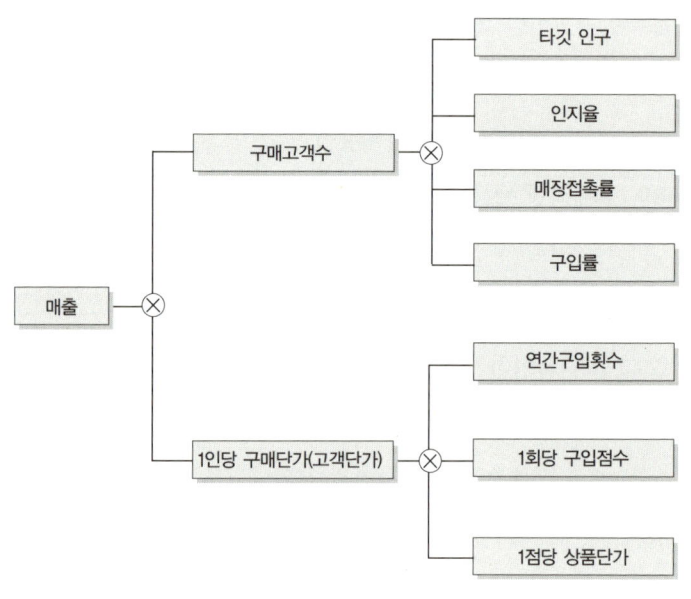

과 비교해 보면 자사의 어떤 요소에 대해 조치를 취해야 하는지 잘 알 수 있다.

그뿐만이 아니다. 요소에 따라서 향상을 위한 조치가 상이하다. 예를 들면 타깃 인구를 증가시키기 위해서는 제품의 대상사용자를 재검토하거나 가격설정을 변경해야 한다. 인지율을 높이기 위해서는 광고를 하거나 매장에서의 POP 노출 증대 또는 매장 캠페인 등을 하는 것이 유효하다. 고객단가를 올리기 위해서 고객 1인당 연간 구입횟수를 늘리려고 한다면, 내점고객이 많은 우량소매점에 출하하거나 방문빈도가 높은 우량소비자에 대해 우대조치(로열티 프로그램 등)를 도입하는 것이 유효하다. 1회당 구입점수를 늘리려고 한다면, 복수상품의 패키지판매(Bundle)를 실시하거나, 매장판매원에게 "한 개 더 구입하시면 어떠세요?"와 같은 세일즈 화법을 연마시키거나, 수량 디스카운트를 도입하는 방법이 효과적이다.

요컨대, 매출을 올리는 데 가장 유효한 요소를 먼저 선택하고, 그 요소에 집중하여 가장 효과적인 조치를 검토하기 위해 매출방정식이 사용되는 것이다. 취할 수 있는 조치는 다양하겠지만, 매출신장에 어떤 방법이 가장 효과적인지를 파악하지 않고 단순히 "가격 인하다", "서비스다"라고 말하는 것은 위험하다.

생산재 사업의 매출방정식

생산재 사업의 매출방정식 예를 〈도표 2-14〉를 통해 알아보자. 매출방정식은 제품·서비스의 특성에 의해 여러 가지로 만들 수 있다. 여기서는 영업사원, 특약점, 고객이라는 세 가지 관점에서 각각 간단한 예를 들고 있다.

예를 들어 영업사원의 관점에서 보면, 담당하고 있는 마켓에서 나오는 상담 중 어느 정도의 비율을 자사가 커버하고 있는가(커버율)와 커버한 각각의 상담에서 어느 정도의 비율로 경쟁에서 이기고 있는가(승률)의 곱셈으로 셰어가 결정된다. 따라서 셰어를 올리려고 한

〈도표 2-14〉 **매출방정식**

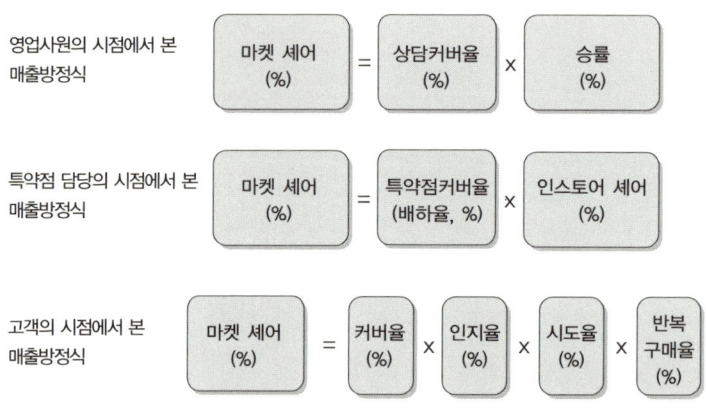

다면, 우선은 참가하지 못하고 누락된 상담을 줄일 필요가 있다. 그러기 위해서는 잠재고객에 관한 네트워크를 더욱 형성하거나, 상담을 캐치해오는 대리점을 기용하는 등의 조치를 생각할 수 있다.

한편, 승률향상을 위해서는 승률을 더욱 인수분해할 필요가 있다. 가령, [자사 주력제품의 승률×1차 기술심사 합격률×2차 기술심사 합격률] 등으로 분해해 보면, 각각 어떤 조치가 유효한지 더욱더 확실해진다. 이러한 식으로 생각해보면, 최초의 기종선정 단계에서 자사의 주력기종을 고객에게 권유하는(이것을 '스펙인Spec-in'이라고 한다) 방법 등을 생각할 수 있게 되는 것이다.

또한 고객 세그먼트별로 이 매출방정식을 만들어 보는 것도 유효하다. 예를 들면, 대형고객 세그먼트와 중소고객 세그먼트를 비교해보고, '대형고객에서는 커버율은 높지만 승률이 낮은 것이 문제'라든지, 반대로 '중소고객은 안건수가 많기 때문에 커버율은 낮지만, 참가한 상담에서 승률은 높다' 등을 알 수 있으면 다음 조치를 고려하기 쉬워진다.

마찬가지로 특약점 담당의 관점에서 방정식을 작성하면, 대상지역 유력 특약점의 어느 정도를 자사제품으로 커버하고 있는가와, 각각의 특약점 전체매출 중에서 자사제품은 어느 정도의 인스토어 셰어를 차지하고 있는가의 곱하기가 된다. 또한 고객의 입장에서 방정식을 적어 보면 〈도표 2-14〉의 세 번째 식이 되는데, 앞서 보았던 소비재 방정식과 비슷한 형태를 보인다.

여기서 든 예는 모두 마켓 셰어를 해답(좌변)으로 두고 방정식을 만들고 있는데, 이 방정식에 [대상기종의 단가×가지수], [대상고객의 고객단가×고객수] 등의 요소를 추가하여 작성하면, 소비재의 방정식에서 보여준 매출기준의 방정식으로도 바꿀 수 있다. 시험해보기 바란다.

[사례] 의약품의 매출방정식

실례로서 다소 복잡하기는 하지만, 의약품 영업의 매출방정식을 〈도표 2-15〉에 싣고 있다. 이것은 실제로 많은 제약회사가 판매 전략을 검토할 때에 사용하고 있는 것이다.

〈도표 2-15〉 **의약품의 매출방정식 예**

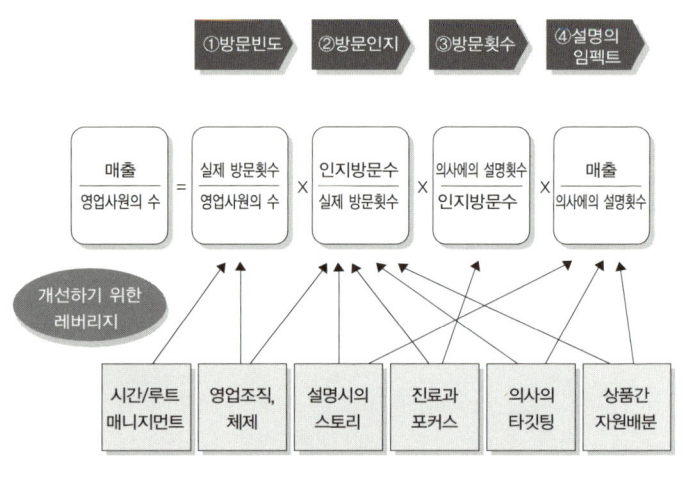

의약품은 MR이라고 하는 영업사원이 병원이나 진료소를 방문하여, 어떤 약을 사용할지를 결정하는 의사와 직접 만나 담당하는 약의 효능과 부작용에 대해서 설명하고, 의사가 납득하여 채용하면 매출이 일어나는 구조로 되어 있다. 그런데 병원이나 진료소의 숫자가 많아서 원활하게 다 돌 수 없을 뿐만 아니라, 의사들은 바빠서 좀처럼 만날 수도 없다. 설령 운이 좋아서 만났다 하더라도 설명할 시간을 1~2분밖에 할애해주지 않는 것이 의약품 세일즈의 현황이다. 이런 상황에서 영업사원 1인당 의약품 매출을 어떻게 올릴 수 있는가에 대한 매출방정식이 〈도표 2-15〉이다. 이해하기 어렵겠지만, 의약품 세일즈 특유의 판매형태를 잘 표현하고 있다.

제①항의 '방문빈도'는 영업사원이 실제로 몇 번이나 병원과 진료소를 방문하고 있는가를 나타낸다. 제②항의 '방문인지'는 영업사원이 '방문하였다'고 자진신고를 하여도, 실제로는 의사 등의 목표한 사람과 만나지 못했기 때문에 병원이나 진료소가 확실하게 '방문하였다'고 인지하지 않은 무효방문이 있으므로, 실제로 고객의 눈으로 '인지된 유효방문'만을 세고 있다. 제③항은 유효방문 중에서 실제로 의사가 "약에 대한 설명을 들었다"고 인식하는 횟수이다. 설명 중에는 사무연락, 단순한 자료의 전달, 납품의 확인, 의사와의 사적인 대화나 잡담 등 '약품에 대한 설명' 이외의 부분이 상당히 있다. 그러한 부분을 제외한 순수한 '약품의 세일즈 토크' 부분이 어느 정도 해당되는지를 나타내고 있다. 마지막에 있는 제④항이 세일즈 토크 1회당 얼마의 매출이 발생하는가, 다시 말해서 세일즈 토크의 '설득효과'를 나타내고 있다.

약품의 매출을 올리기 위해서는 영업사원의 인원을 늘리는 방법도 있겠지만, 그렇게 하면 비용이 발생한다. 한편, 영업사원의 인원을 늘리지 않고 1인당 매출을 증가시키는, 즉 영업생산성을 향상시키는 방법도 있으며, 여기서는 그것을 검토하고 있다.

그러기 위해서는 ①방문빈도를 늘린다, ②실제로 의사와 만나는 유효방문수를 늘린다, ③의사에게 약품설명을 하는 횟수를 늘린다, ④의사에게 설득력 있는 설명을 한다(혹은 환자가 많은 의사에게 설명을 한다) 중의 어느 하나 혹은 복수의 요소를 조합하여 시도하지 않으면

안 된다.

　의약품 업계의 경우는 다행히도 업계 공통의 영업데이터를 수집하고 판매하는 데이터베이스 회사가 있어서, 거기에 자사의 사내 데이터를 조합하면 위의 ①~④항의 데이터를 약품·기업 별로 조사할 수 있다. 이것을 이용하면 자사의 영업사원이 어느 항목에서 경쟁사(특히 톱 메이커)보다 우위에 있는지, 혹은 열세에 있는지를 일목요연하게 알 수 있다. 그 열세에 있는 항목에 대해서 강화를 고려하거나 타사가 약한 부분을 더욱 향상시키면 되므로, 효율적인 영업사원 관리가 이루어질 수 있다.

　이것도 다른 매출방정식과 마찬가지로, 강화해야 할 항목을 압축할 수 있으면 그에 대한 조치도 압축할 수 있다. 예를 들어 제①항을 올리는, 다시 말해서 영업사원의 병원·진료소에 대한 방문빈도를 늘리는 것이 중요하다고 하자. 이를 위해서는 영업사원의 시간관리나 방문루트의 개선을 통해서 한정된 시간 내에 보다 많은 시설을 돌아볼 수 있도록 검토하거나 서류작성, 전표처리, 회의 등의 내근업무를 효율화하여 보다 많은 외근시간을 낼 수 있도록 하는 조치가 효과적이다.

　한편 제④항을 개선하는, 즉 의사에게의 설명이 매출로 연결되도록 세일즈 토크의 효과를 올리려고 한다면 또 다른 조치가 효과적일 것이다. 예를 들면 처음부터 구매의사가 있는 의사, 혹은 많은 환자를 맡고 있어서 그 의사가 구매를 하면 매출에 커다란 효과가 있는 의사, 동료의사의 약제선정에 큰 영향력을 행사하는 의사를 선택하도록 타깃팅을 개선한다. 또한 의사가 할애해준 몇 분이라는 한정된 설명시간을 유효하게 사용할 수 있도록 '토크 스토리'를 만들어 그것을 철저히 롤 플레이로 연습한다. 더불어 자사의 약제에 우선순위를 매겨 한 번의 설명은 하나의 약제에 대해서만 한정하고 그 외의 약제는 다음 기회로 넘기는 방법 등을 생각해볼 수 있을 것이다.

영업사원의 관리상 강화항목을 압축하면 그만큼 관리나 조치도 집중할 수 있으므로 매출신장의 효과는 커진다. 실제로 이렇게 해서 실적을 크게 향상시킨 제약회사도 다수 있다. 이것이 매출방정식의 위력이다. 꼭 시도해 보기 바란다.

네 번째 도구 — 경쟁사 벤치마킹

벤치마킹(Benchmarking)이란 타사와 자사를 비교해 보는 것이다. 여기에는 주요 경쟁상대와 비교하는 '경쟁사 벤치마킹'과, 동종업계의 타사뿐만 아니라 세상에서 가장 뛰어난 기업과 비교하는 '베스트 프랙티스 벤치마킹(Best Practice Benchmarking)'의 두 종류가 있다. 두 종류 모두 90년대 후반부터 폭넓게 사용되어 온 경영수단이다. 영업현장에서도 자주 사용되고 있다. 다만 사용방법에 주의가 필요하다.

지금부터는 '경쟁사 벤치마킹'에 한정하여 편리한 벤치마킹의 실행법에 대해 소개하고자 한다.

코스트 벤치마킹

여러 항목에서 경쟁사와의 비교가 이루어진다. 앞서 보았던 매출방정식의 각 항목에 대해서 경쟁사와 비교해보는 것은 매우 효과적인 방법이다.

그 중에서도 가장 효과적이지만 제일 어려운 방법이 경쟁사와의 코스트 벤치마킹(Cost Benchmarking)이다. 총비용의 비교는 매출과 수량, 추정이익률 등에서 비교적 쉽게 할 수 있다.

〈도표 2-16〉은 어떤 대기업 자회사 콜센터의 코스트 벤치마킹의 예다. 맨 왼쪽의 막대그래프가 자사의 전화응대 1회당 비용, 맨 오른쪽 막대그래프가 유력 경쟁사의 전화응대 1회당 비용이다. 상당한 차이가 있음을 알 수 있다.

문제는 '무엇 때문에 이러한 차이가 발생하는가'이다. 이것은 경쟁기업에 직접 물어보아도 구체적으로 알려주지 않으므로 여러 가지 가정과 단편적인 정보를 토대로 추정할 수밖에 없다.

이 경우는 비용 차이를 발생시키는 요인에 대해 자사 내에서 의논하여 가설을 만들었다. 전화가 걸려오고 응답할 때까지의 반응시간(대기시간이 길면 효율이 떨어진다), 인건비(특히 모회사로부터 파견된 사원의 인건비 부담), 경쟁사는 하지 않는 외국어 대응 등 특수 업무의

〈도표 2-16〉 **경쟁사 벤치마킹**

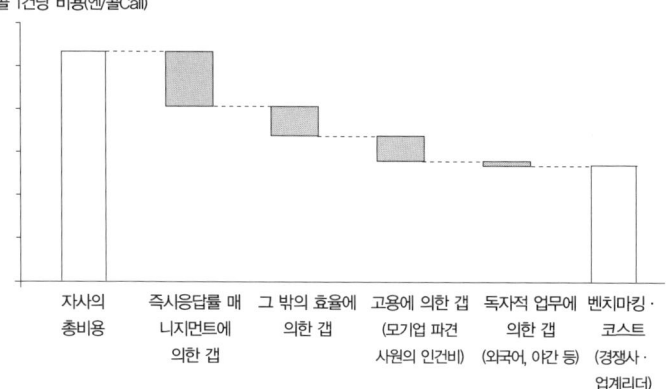

출처 : ⓒ BCG

낮은 효율, 그 외의 업무효율의 차이 등이 원인가설로 정리되었다.

다음으로 그 가설을 근거로 단편적인 데이터를 조합하거나 비용 모델을 만들어 각각의 비용차이를 추정하였다. 예를 들어, 응답시간에 관해서는 경쟁사가 업계지의 취재 등에 답하고 있는 응답시간이나 콜(Call) 수 등을 재료로 하고, 자사의 실적을 기초로 하여 그 차이를 비용으로 환산한 뒤 어느 정도의 차이가 나는지를 추정한다. 인건비 등에 대해서도 경쟁사의 재무제표에 나오는 사원의 평균연령이나 구인정보에 게재된 오퍼레이터의 초봉 등을 기초로 추정하여 자사의 인건비 실적과 비교한다. 이러한 추정을 반복하면서 어디에서 비용 차이가 발생하는지 해석해 나가는 것이다.

마지막으로 업계 전문가 등에게 분석결과를 일부 보여주고 전문가 입장에서 보아 벗어난 것이 없는지를 확인한다.

일단 코스트 벤치마킹 분석을 하면 비용경쟁력을 높이기 위해 무엇을 해야만 하는가가 명료해진다. 예를 들면, 이 콜센터의 경영진은 모두 '모기업 파견사원의 인건비 부담이 크다'는 불만을 갖고 있었다. 그러나 벤치마킹 후, 인건비 부담보다 비용경쟁력 향상에 있어서 중요한 것은 즉시응답률의 차이라는 것을 알게 되었고 향후 이를 개선하는 데 주력하게 되었다.

또한 모기업 파견사원의 인건비에 대해서도, 지금까지는 그것이 어느 정도나 실적에 걸림돌이 되고 있는지 명확한 데이터가 없었기 때문에 모기업과 협상을 할 수 없었다. 그러나 이 벤치마킹을 기초로 비용차이에 대한 원인분석이 가능해지자 이것을 재료로 모기업과 철저하게 협상하여 그 차이분의 인건비는 모기업에 부담시킬 수 있게 되었다.

독자 중에는 이러한 추정은 어차피 추정일 뿐이고, 맞는다는 보장이 없다고 걱정하는 사람도 있을 것이다. 분명히 맞는다는 보장은 없다. 다만 지금까지의 컨설팅 경험에서 말하자면 이러한 추정은 상당히 괜찮은 수준이다. 대부분의 경우, 후일 어떤 계기로 경쟁사의 비용을 알게 되는 일이 있는데, 이러한 방법으로 추정한 비용과 실제로 알게 된 비용이 많이 달라서 전략을 수정하는 일은 거의 없다. 추정방법만 잘 연구하면, 산업스파이 흉내를 내지 않고 정정당당한

정보수집만으로도 상당히 정확하게 경쟁상대의 비용을 추정할 수 있는 것이다.

또한 다소 정확하지 않더라도, 분석이나 데이터가 전무한 상태에서 의사결정을 하는 것보다는 나은 결정을 할 수 있는 확률이 훨씬 높아진다고 보고 적극적으로 활용해야 한다.

케이퍼빌리티 벤치마킹

벤치마킹이라고 하면 반드시 재무방면이나 비용방면, 제품이나 기술의 성능방면, 사원수 등의 조직방면의 비교에 중점을 두는 경향이 있지만, 한 가지 더 중요한 분야가 있다. 바로 케이퍼빌리티 벤치마킹(Capability Benchmarking)이다. 케이퍼빌리티(Capability)는 기업의 '조직으로서의 능력'으로 번역되고 있지만, 사업의 승패를 좌우하는 스킬이나 능력을 말한다.

예를 들어 대기업을 대상으로 시스템 개발 사업을 하는 경우에는, IT 기술이나 경험과 아울러 고객기업 업종 특유의 업무지식이나 프로세스 등에 익숙해지는 것이 매우 중요하다. 이러한 스킬을 갖추고 있는 기업과 그렇지 못한 기업 사이에는 실적 면에서 커다란 차이가 발생한다. 또한 이러한 스킬의 획득이나 숙련에는 시간이 걸리고, 단시간에 격차를 좁히기도 매우 어렵다. 이렇듯 소중한 케이퍼빌리티 방면에서 자사와 경쟁사를 벤치마킹 해보는 것의 중요성을 이해했을 것이다.

〈도표 2-17〉은 가공식품 E사의 유통 매니지먼트 케이퍼빌리티를 벤치마킹한 것이다. 식품을 소매점 등의 유통에 납품할 때 유통채널 바이어는 공급업자를 평가한다. 이때 바이어에게 있어서 중요한 평가항목에 대해서 E사가 경쟁상대와 비교하여 어느 정도 제대로 대응할 수 있는가를 평가항목별로 점으로 형상화한 것이다.

상단의 그래프가 E사의 대(對) 기존경쟁회사 벤치마킹, 하단의 그래프가 E사의 대(對) 신규경쟁회사 벤치마킹 결과이다. 그래프를 보면 알 수 있듯이, E사는 전통적 경쟁사에 대해서는 대부분의 바이어가 모든 평가항목에서 경쟁사보다 높은 평가를 하였다.

그런데 하단의 그래프에서 나타나듯이 신규경쟁사와 비교하면 반드시 그렇지도 않다. 특히 바이어에게 있어서 중요한 항목에서 신규경쟁사에게 뒤지고 있다. 예를 들면 광고량, 매장판촉기획력, POP 툴의 풍부함 등의 항목에서 크게 열세에 놓여있다. 이를 통해 신규경쟁사는 이러한 분야에서 E사와 차별화를 하면서 E사와 친밀한 유통채널을 공략하고 있을 것으로 추측할 수 있다. 이러한 분야를 강화해 나가지 않으면, E사는 지금의 전통적인 경쟁사와 마찬가지로 결국은 도태되어 버릴 수도 있는 것이다.

〈도표 2-18〉도 마찬가지로 케이퍼빌리티 벤치마킹의 예이다. 위는 정보시스템 사업에 있어서 상품도입 전 영업력에서 보수 서비스력에 이르기까지 각각의 스킬에서 자사의 능력 자기평가, 고객이 본 자사의 능력평가, 고객이 본 경쟁사의 능력평가를 그래프로 나타

〈도표 2-17〉 **경쟁사 벤치마킹**

예) 가공식품 E사의 유통만족도 벤치마킹

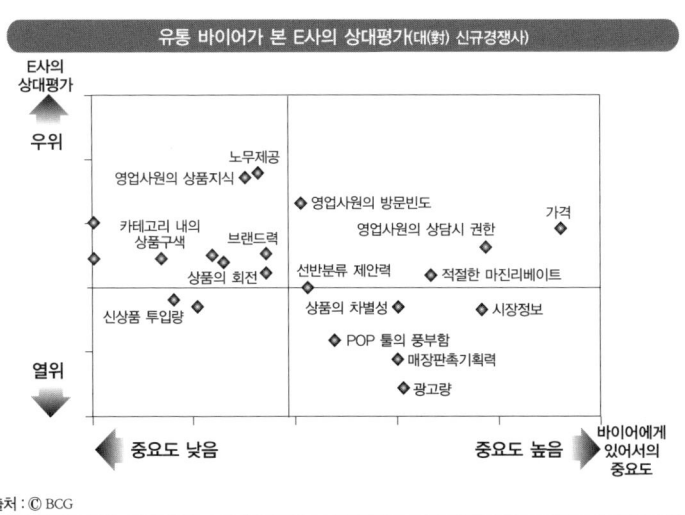

출처 : ⓒ BCG

<도표 2-18> **경쟁사 벤치마킹**

예) 케이퍼빌리티 벤치마킹

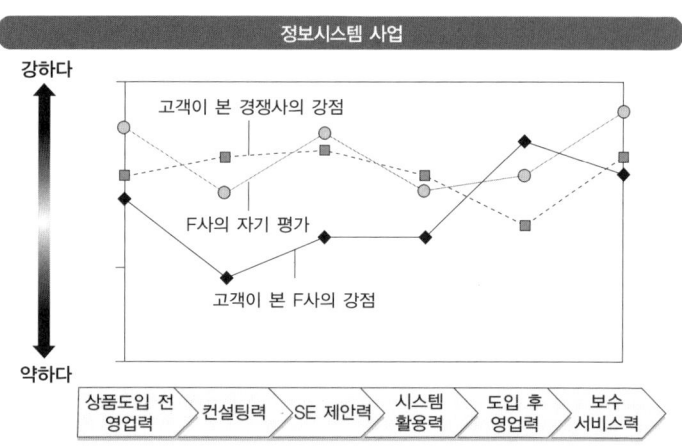

케이퍼빌리티	기대도
글로벌 네트워크	4.4
비즈니스 제안	4.4
리스크 분담	4.1
정보의 양·질·스피드	4.0
의사결정·대응의 스피드	3.7
어학력	3.7
코스트 퍼포먼스	3.7
전문지식, 제품지식	3.4
금융지식	3.2
전문스킬	3.1
평균	3.8

출처 : ⓒ BCG

낸 것이다.

이것을 보면, 안타깝게도 자사는 고객으로부터 '도입 후의 영업력' 외에는 경쟁사보다 낮은 평가를 얻고 있다. 더욱 중요한 점은 자사의 자기평가와 고객의 자사에 대한 평가 사이에 커다란 괴리가 있다는 것이다. '도입 후 영업력' 외의 모든 항목에 있어서 자사의 자기평가는 대폭적으로 과대평가 되어 있다. 따라서 F사는 경쟁사에 뒤지고 있을 뿐만 아니라 고객의 평가기준에 대해 오해하거나 이해가 부족할 우려가 커서, 다시 한 번 고객의 니즈를 철저하게 파고들 필요가 있을 것 같다.

하단의 그래프는 투자은행의 트레이딩 업무를 벤치마킹한 것이다. 고객이 기대하는 스킬 항목을 고객에 있어서의 우선순위로 열거하여, 그 항목별로 자사와 경쟁사를 비교하고 있다. 그다지 중요하지 않은 항목에서는 자사와 경쟁사의 차이가 거의 없지만, 우선순위가 높은 항목에서는 크게 뒤지고 있는 것을 알 수 있다.

이처럼 케이퍼빌리티 벤치마킹은 '경쟁에서 이기기 위해 어떤 스킬이나 능력을 조직적으로 연마해 나가야 하는가'에 대해 귀중한 시사점을 부여해 준다.

케이퍼빌리티 벤치마킹은 기본적으로 고객의 평가기준에 따라서 실행한다. 따라서 어떠한 형태로든 고객의 협력이 불가결하다. 대부분의 경우 우선 몇 개사의 주요 고객을 인터뷰하여 공급업체의 평가기준이나 그 우선순위를 묻는다. 그런 다음, 주요 공급업체의 평가기준으로 상대평가를 받는다. 나아가서, 그 인터뷰를 기초로 설문조사표를 작성하여 그 이외의 고객에게 송부한 뒤, 다수고객의 평가를 문의한다. 이때 이미 거래를 하고 있는 고객뿐만 아니라, 과거에 거래가 있었음에도 타 경쟁사로 옮긴 고객과 잠재고객까지 포함시키면, 의외로 재미있는 시사점을 얻을 수 있다. 인터뷰나 설문조사도 자사에 편견이 있는 결과가 나오지 않도록 가능하면 자사의 이름을 감추고 제3자에 의한 복면 인터뷰나 복면 설문조사를 하는 것이 바람직하다.

시장을 과학화하기 위한 일곱 가지 요령

지금까지 시장을 과학화하는 네 가지 기본적인 기법을 소개하였다. 반드시 활용해보기를 바란다. 실제로 효율적·효과적으로 시장을 과학화하기 위해서는 몇 가지의 요령이 있다. 그것을 간단하게 소개해 보겠다.

[요령 1] 가설을 설정하고 분석

시장을 분석하려고 하다보면 자칫 방대한 데이터를 수집하고, 그것을 꼼꼼히 분석하려고 생각하기가 십상이다. 즉, [데이터 수집 → 분석 → 해답]이라는 접근방식이다. 이것은 고생만 하고 성과는 적은 방식이다. 성과는 고사하고, 해답을 구하기 위해 반드시 필요하지도 않은 방대한 시장데이터를 수집하는 데 쓸데없는 에너지와 시간을 대량으로 소비해 버리는 일이 많다. 또한 데이터를 수집하고 있는 사이에는 사고가 멈춰서 시간이 공전할 리스크가 높다.

올바른 방법은 [가설 → 데이터에 의한 검증 → 가설의 수정·진화 → 데이터의 추가검증]의 흐름이다. 즉, 데이터를 수집하기 전에 미리 가설을 설정해 두는 것이 중요하다.

가설이란 간단하게 말하면 '현시점의 대답'이다. 근거가 충분하진 않지만, 그 시점에 마침 그 자리에는 있는 재료로 가능한 한도 내에서 지혜를 짜내 생각해낸 대답이다. 그것을 검토하기 위해서 필요한 최소한의 데이터를 수집하는 것이다.

데이터가 어느 정도 모이면 그 데이터로 가설을 검증할 수 있는지 시험해본다. 검증할 수 있으면 멈추고, 검증이 불가능하면 가설이 이상한 것이므로 가설을 수정·진화시킨다. 나아가서 그 수정된 가설을 검증하기 위한 데이터를 다시 약간 수집하는 반복작업이다.

이렇게 함으로써 단시간 내에 몇 번이고 가설·검증을 반복할 수 있을 것이다. 불필요한 데이터 수집을 생략할 수 있을 뿐만 아니라, 사고가 단기간에 진화하여 효율적으로 의미가 있는 결론을 도출할 수 있는 것이다. '최초에 가설을 세울 것'을 명심하기 바란다.

[요령 2] 현장에서 생생한 정보를 수집

'데이터를 수집하기 전에 가설을 세우고 그것을 위해서는 먼저 생각하자'고 해서, 하루종일 책상 앞에 앉아 골똘히 생각하는 사람이 있다. 그러나 그렇게 해서는 생생한 시장분석이 될 수 없다.

많은 뛰어난 분석이나 가설은 현장에서 생겨난다. 제조·영업의 현장이나 고객이 제품을 사용하고 있는 현장, 자사의 제품이나 서비스에 대한 클레임의 현장, 경쟁사 제품이 사용되고 있는 현장 등에는, 시장에서 어떤 일이 일어나고 있으며 자사에 있어서 무엇이 중요한가를 생각할 수 있는 재료로 넘쳐나고 있다. 현장은 비유하자면 가설설정의 보물더미다. 따라서 현장을 빈번하게 방문하여 고객이나 영업사원의 있는 그대로의 목소리를 청취하는 것이 대단히 중요하다.

또한 애사정신 때문인지는 모르겠지만, 자사의 제품만 사용하고 경쟁사의 제품은 쳐다보지도 않는 사람이 많은데, 그것도 문제다. 적어도 마케터로서는 실격이다. 경쟁사 제품이나 서비스를 실제로 구매하여 써보고 자사의 제품과 비교해보면 자사의 어떤 점이 우월하고 어떤 점이 부족한지 소중한 힌트를 얻을 수 있기 때문이다.

[요령 3] 포커스를 두는 검토

　시장 전체를 꼼꼼하게 분석하는 것은 노력에 비해서 효과가 그다지 크지 않다. 시장의 어느 부분인가에 따라 자사에 있어서 의미나 중요도가 다르기 때문이다. 시장 안에서 자사가 실적을 올리기 위해 가장 중요한 부분을 집중해서 분석하는 것이 요령이다. 예를 들면, 다양한 유저 중에서 가장 성장하고 있음에도 자사제품의 침투율이 뒤지고 있는 것이 중소유저라면, 중소유저에 먼저 포커스를 두고 검토해야 한다. 대형유저나 영세유저를 살펴볼 필요가 없는 것은 아니지만, 한정된 에너지와 시간을 가장 리턴이 클 것 같은 분야에 집중하는 것이 중요하다.

　상사 중에는 '만점주의', '감점주의'의 수재가 있어 "이것이 모자라다", "저것이 모자라다"라고 구속하는 사람도 있겠지만, 마케터에게 있어서는 거추장스러운 관료주의 이외에 아무것도 아니다. 신경 쓰지 말고 분석의 ROI(투자효과)가 높은 곳에 먼저 집중하기를 바란다. 적어도 경영자는 이러한 방식에 만족할 것이다.

[요령 4] 고객의 행동은 합리적이라고 가정

　고객의 구매행동이 판매를 좌우한다. 따라서 고객이 왜 특정한 구매행동패턴을 취하는가, 또 그 배후의 이유는 무엇인가를 심도있게 추구할 필요가 있다. 표면적으로는 비합리적으로 보이는 구매 의사결정에도 고객이 그러한 행동을 취하는 이유는 반드시 있는 법이다. 특히 기업고객의 경우 아무런 이유가 없는 비합리적인 행동은 있을 수 없다.

비합리적으로 보이는 것은 고객의 의사결정 과정이나 기준을 이쪽에서 모르거나 이해하지 못하기 때문이다. 대부분의 경우, 단순한 경제성뿐만 아니라 의사결정자의 리스크를 최소화하려는 행동이거나 사내조직 간의 역학관계에 의한 결과이다. 그것을 규명하는 것이 실은 향후의 영업정책에 있어서 대단히 큰 의미를 갖는다. 우선 고객의 의사결정에는 합리적인 이유가 있다고 믿고 분석해 보기 바란다.

[요령 5] 데이터에 의한 객관적인 판단

KKD 의존증에 관해서는 앞장에서 언급하였다. 직감이나 경험의 가치를 부정하는 것은 아니지만, 우선은 철저히 데이터에 근거하여 정량적인 논의를 하는 습관을 가져야 한다. 또한 평가기준도 데이터 분석의 결과가 나오고 나서 그 결과에 맞추어 논의하는 것이 아니라, 결과가 나오기 전부터 사전에 설정해 두어 그 기준에 비추어서 평가하기 바란다. 물론 최후의 의사결정은 단순하지만, 그 내면에는 객관적인 평가의 기준이 없으면 안 되는 것이다.

시장을 과학화하기 위한 분석이나 접근방식에는 특별히 내세울 만한 어려운 점은 없다. 어려운 점이라면 KKD 의존증이 만연하고 있는 풍토나 환경 속에서 이것을 해낼 수 있는가, 그것도 경쟁사보다 빠르고 효율적이며 조직적으로 해낼 수 있는가이다. 이것 자체가 기업의 의사결정의 질을 높여 경쟁력을 향상시키는 중요한 요소라고 할 수 있을 것이다.

[요령 6] 100%의 정확도는 불필요

이미 여러 번 언급하였지만 100%의 정확한 분석은 달성하기 힘들다. 처음부터 세상에 존재하지 않는 분석이 대다수이다. 그것을 짜맞추어 어떻게든 시장의 대략적인 그림을 작성하는 것이므로, 잘해야 스케치나 디자인 정도 하는 것밖에 되지 않는다. 따라서 그것을 정밀화나 사진 같이 만드는 것은 불가능하다고 인식하고, 과도한 정확도를 추구하는 것은 삼가하도록 한다.

실은 경영자 레벨의 의사결정에도 100%의 정확도는 필요하지 않다. 뛰어난 경영자에게는 60~70% 정도의 정확도만 있으면 일찌감치 분석이나 제언을 낱낱이 보고해야 한다. 다만, 정확도 부족에

동반하는 리스크나 장래에 새로운 정보를 추가할 타이밍 등을 동시에 병기해 두는 것이 좋을 것이다.

[요령 7] 생태학자처럼 시장을 관찰

'시장을 과학화하다'라는 말은 마치 '생태학자가 숲을 조망하여 그 안에서 생물들이 어떠한 게임을 전개하고 있는가를 조사하는 것처럼 시장을 조망하는 것'이라고 이미 기술하였다. 마케터는 문자 그대로 생태학자가 된 것처럼 시장을 관찰하기 바란다. 다양한 시장의 움직임을 외부의 객관적인 관점에서 조망해 보기 바란다. 자사의 사원 외에 적어도 세 명 이상의 다른 백그라운드를 지닌 사람들과 의견교환을 하거나 토론해보기 바란다. 시장의 정설에 대해서, '정말로 그러할까?'라는 의문을 가져보기 바란다. '이상하네…'라고 생각해보고, 직접 현장에 가서 조사도 해보기 바란다. 메모지에라도 간단히 시뮬레이션 해보고 정말로 경제성이 있는지를 확인해 보기 바란다.

이러한 활동을 반복하면 아마도 지금까지와는 다른 시장상(象)이 보일 것이다. 또 자신도 마케터로서 성장해 나갈 것임에 틀림없다.

THE BCG WAY

제 3 장

전략을 재고한다
표준화와 커스터마이제이션

THE ART OF BUSINESS MARKETING

The BCG Way
The Art of Business Marketing

B2B 비즈니스의 두 가지 전략

시장을 과학화하여 올바르게 파악하게 되었다면, 다음은 자사가 어떻게 싸울 것인지 전략을 결정해야만 한다. B2B 비즈니스에는 기본적으로 두 가지의 전략이 있다. '표준화' 전략과 '커스터마이제이션' 전략이다. 이 두 가지는 전혀 다른 전략이므로 선택을 잘못하면 비용만 올라가고 이익은 내지 못한다. 따라서 자사의 제품·고객·경쟁사 등의 특징에 입각하여 이 두 가지 중 어떤 전략이 적합한지를 잘 따져봐야 할 것이다〈도표 3-1〉.

표준화 전략

'표준화' 전략이란 많은 고객이 표준적으로 사용하는 제품·서비스를 개발하여, 시장가격 또는 그 이하의 가격으로 대량 판매를 하여 수익을 올리려고 하는 작전이다. 표준품화를 추진하므로 '프로덕트(Product)화' 전략이라고도 한다.

제품·서비스 자체의 차별화 정도는 작기 때문에 경쟁사가 비슷한 제품·서비스로 추격해오면 가격경쟁이 되기 쉽다. 따라서 타사보다 앞서 '표준품'을 개발하고, 타사가 추격해 오기 전에 많은 고객이 채용하게 만드는 것이 우선 중요하다. 아울러 타사가 추격해 왔을 때는 '규모의 경제성(Scale Merit)'이나 '경험효과'(p.142 참조)를 이용하여 보다 낮은 생산·제공 비용을 실현하는 '코스트 리더십 (Cost Leadership)'이 열쇠가 된다.

커스터마이제이션 전략

'커스터마이제이션(Customization)'이란 처음부터 고객의 개별주문에 맞춘다는 의미이다. 글자 그대로 이 전략은 소수 단골고객의 개별 니즈에 맞춘 주문을 받아 만든 제품·서비스를 제공한다. 시장평균을 초과하는 프리미엄이 붙은 높은 가격으로 그 제품·서비스

〈도표 3-1〉 **표준화와 커스터마이제이션**

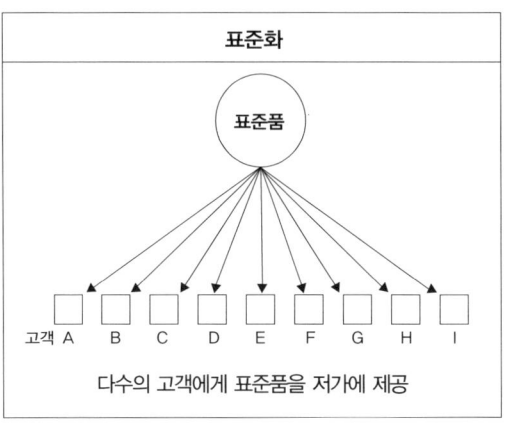

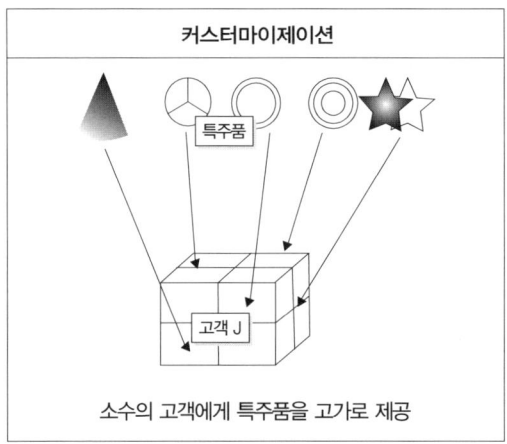

를 판매하여, 타사보다 높은 수익을 올리려는 작전이다. 고객이 많지 않으므로 양적으로 많이 판매할 수는 없지만, 그만큼 프리미엄을 올려 판매함으로써 높은 이익률을 확보할 수 있는 것이다.

타사를 이기는 포인트는 제품·서비스 자체가 얼마나 고객의 특정 니즈와 합치하고 있는가, 즉 특별주문 정도로 본 '차별화'이다. 차별화된 만큼 비싸게 팔 수 있지만, 여분의 노력을 기울여야 하는 것이 어려운 점이다. 표준품처럼 많은 고객이 아니라 특정 소수의 고객을 대상으로 하는 상품이므로 '고객특화' 전략이라고도 한다.

패밀리레스토랑과 고급요정의 차이

'차별화된 제품을 보다 싸게'라는 캐치프레이즈 아래, 코스트리더와 전부 차별화를 노리는 기업들이 종종 있는데, 일반적으로 이 두 전략은 양립되지 않는다. 전혀 다른 전략이라고 이해하면 된다. 이 차이는 외식업을 예로 들어 보면 이해하기 쉽다.

표준화는 말하자면 '패밀리레스토랑'이다. 불특정다수의 고객을 상대로 부자건 서민이건 누가 가게에 들어와도 거부하지 않고 받아들인다. 고객을 차별하지 않고, 매뉴얼대로 같은 재료를 사용하며, 같은 맛을 내는 요리를 같은 서비스로, 그것도 가능한 한 싸게 제공하는 것이다. 개별 상품의 가격은 낮지만 대량판매로 큰 이익을 올리는, 말하자면 '박리다매' 수법이다. 고객의 입장에서 보면, 언제나 싸고 일정한 품질의 제품을 안심하고 얻을 수 있다는 이점이 있는 대신 '달다, 짜다, 뜨겁다, 차갑다' 등 세심하고 미묘한 취향을 일일이 충족시키지 못하는 불편함도 있다.

한편, 커스터마이제이션은 말하자면 '고급요정'이다. 신뢰할 수 있는 기존고객의 소개가 있거나 지불 능력이 있는 고객만을 받아들인다. 소개가 없는 고객, 즉 '처음 온 고객'은 출입을 거절한다. 고객의 요청에 따라 넓은 방에서 고객의 취향에 맞는 요리와 앞서가는 서비스를 제공하는 대신, 고액의 요금을 청구하는 것이다. 고객의 숫자는 적지만, 1회당 요금을 비싸게 설정하고, 게다가 반복적이고 다양한 형태로 이용하는 '단골손님'으로 만듦으로써 계속적으로 높은 이익을 올리는 수법이다.

패밀리레스토랑이 고급요정으로 전환하면 손님이 들지 않는다. 고급요정이 패밀리레스토랑을 하면 고객은 들지 모르지만 수익은 올릴 수 없다. 이 두 가지는 전혀 다른 비즈니스인 것이다.

지금부터는 어떤 제품·서비스에 각각의 전략이 적합한지, 그리고 구체적으로 전략을 어떻게 검토하면 좋을지에 대해 두 가지 전략을 대비하면서 소개하도록 하겠다.

전략 검토 포인트 ①
대상 제품 · 서비스

비슷해 보이는 제품 · 서비스라도 그 특성이나 특징에 따라서 표준화 전략과 커스터마이제이션 전략의 적합, 부적합이 있으므로 주의가 필요하다. 그 차이는 제품의 차별성, 라이프사이클 상의 포지션, 제품의 용도나 사용빈도 등에 따라서 다르다.

표준화 전략이 적합한 제품 · 서비스

표준화 전략이 적합한 제품 · 서비스는 다음과 같다.

- 지속적이고 반복적으로, 게다가 대량으로 거래되고 있는 것

- 제품의 라이프사이클이 중~후기에 있는 비교적 성숙한 제품
- 제품 자체의 차별화 요소가 적고, 가격이 거의 유일한 교섭재료가 되어 있는 것

가장 전형적인 제품 · 서비스의 예는 다음과 같다.

- 원재료 : 목재, 종이, 밀가루, 석유, 가스 등
- 기본제품 · 공구류 : 볼트 · 너트 · 스패너 등
- 문구류 : 복사용지, 볼펜, 연필 등
- 전통적인 하청서비스 : 빌딩청소, 수선, 여행대리점 등

이러한 제품 · 서비스를 '커머디티(commodity)'라고 한다. 제품 · 서비스가 현재 가격경쟁에 휘말려 있다면, 그것은 아마도 '커머디티'일 가능성이 매우 높고, 우선은 표준화 전략에 적합하다고 생각하는 것이 바람직하다.

커스터마이제이션 전략이 적합한 제품 · 서비스

한편 커스터마이제이션 전략에 적합한 제품 · 서비스는 다음과 같다.

- 거래량이 비교적 작고, 또한 부정기적인 것
- 제품의 라이프사이클은 초기에 해당되고, 새로운 시장개척의 리스크가 아직 큰 것
- 제품 자체의 차별화 요소가 크고, 가격 이외의 조건이 결정요소가 되는 것. 프리미엄이 붙은 가격이 높은 것

가장 전형적인 것으로는 다음을 들 수 있다.

- 몇 년에 한 번씩 대규모의 투자가 필요한 것 : 대형 공업 플랜트, 대규모의 빌딩 등
- 특수용도의 제품·서비스 : 스페이스 셔틀, 원자력 발전소용의 부품이나 내열구조물 등
- 솔루션형 서비스 : 고객업무에 맞춘 정보시스템의 개발이나 컨설팅 등

이러한 제품·서비스를 '스페셜티(Specialty)'라고 한다. 커머디티가 많은 고객들이 공통으로 사용할 수 있는 '범용품'인 반면, 스페셜티 제품은 특수한 고객의 특수한 용도에 한정된 '특주품'이다.

동일한 제품인데 전략이 다른 경우

동일한 제품·서비스더라도 전략이 다른 것도 많다. 기업대상의 경리·재무·정산 업무 처리소프트의 예를 들어보자. 중소기업용의 소프트웨어는 이미 커머디티가 되어 있다. 많은 공급업체가 비슷한 소프트웨어를 가격도 수만~수십만 엔 정도로 대량 공급하고 있다. 대기업대상으로도 재무·경리 소프트웨어를 표준화하여 패키지화한 ERP가 있어서 수백만~수억 엔의 가격에 많이 제공되고 있다.

한편, 특정 대기업이나 관공서 대상의 특수하고 규모가 큰 경리·재무·정산 업무 처리시스템이 존재한다. 예를 들면, 대도시 은행의 온라인 시스템, 전력·가스·통신 기업 등의 요금 시스템, 세무관리 시스템 등이다. 이것은 고객의 업무에 맞추어서 특별주문으로 만들어진 시스템으로, 부분적으로는 시판되는 범용소프트가 포함되어 있지만 대부분은 스페셜티이다. 가격도 수억~수백억 엔에 달한다.

전략 검토 포인트 ②
대상고객

표준화 전략이 적합한 고객

　표준화 전략의 주요 대상이 되는 고객은 가격지향이 강한 고객이다. 고객이 표준화된 제품·서비스를 구입할 때는 저가격의 메리트가 있다. 그렇지만 표준품은 자신의 니즈에 완벽하게 맞지 않는다는 불편함이 있다. 만약 자신의 니즈에 완벽하게 맞추려면 스스로 가공하거나 수정해야 한다. 그러나 그 수고를 생각하더라도 표준품의 낮은 가격에 매력을 느껴, 특주품보다는 표준품을 선택하려는 고객이 타깃이다.

　구체적인 고객후보군으로서는 발주량이 적고 예산도 적은 다수의 중소기업이나 영세기업, 또는 대기업 중에서는 그 기업의 제품

자체가 표준품일 것 같은 비용의식이 높은 기업 등을 들 수 있을 것이다. 반대로 발주량이 크고 예산 규모도 큰 대기업에서는 특주품을 선호하는 경향이 강하고 또한 특주비용을 지불할 여력이 있다.

따라서 표준품 전략을 취할 경우에는 가격선호가 강한 고객 세그먼트, 아울러 기업수가 많고 한 회사별 규모가 작으며, 한 회사당 거래조건의 협상력이 그다지 강하지 않은 시장을 선택하는 것이 중요하다.

개별고객의 특수한 주문에 대응하기 시작하면 비용이 올라가는 리스크가 생긴다. 특히 거래량이 많은 대형고객은 주의를 기울여야 한다. 많은 거래량을 배경으로 무리한 난제를 밀어붙여서 표준품을 자신의 희망에 맞춰 특주품화하려고 하기 때문이다. 그렇게 되면 비용만 들고 이익은 낼 수 없게 된다.

커스터마이제이션 전략이 적합한 고객

커스터마이제이션 전략의 대상고객은 특주품 지향이 강한 고객이다. 표준품으로는 만족할 수 없는 특수한 니즈가 있을 뿐만 아니라, 그것에 대해서 충분한 가격 프리미엄을 지불할 수 있는 고객이다. 고객의 입장에서는 많은 비용이 들지만, 니즈에 부합하는 고품질이나 특수품질의 제품·서비스를 얻을 수 있고, 표준품에 맞추어야 하는 불편함과 수고로부터 벗어날 수 있는 메리트가 있다. 즉, '자신만의 요구'를 들어주는 점을 평가해줄 고객이 대상이 된다.

더욱이 사업부문의 수가 많고, 다종다양한 니즈를 안고 있으며, 복수의 제품·서비스를 구입할 가능성이 높은 고객도 적합하다. 앞 장에서도 언급하였지만, 한 고객에게 다양한 제품을 판매하는 것을 '크로스 세일'이라고 한다. 크로스 세일은 단일상품 판매와 비교해 봤을 때 고객 개척비용이 낮은 만큼, 수익성이 높고 또한 기존고객의 타사로의 전환(Switching)이 일어나기 어려운 이점도 있다. 유망한 단골고객을 선택했다면, 한 종류만이 아니라 다양한 제품·서비스를 동시 병행해서 판매하는 것이 상책이다.

이러한 니즈를 지닌 고객은 구체적으로 다수의 대기업, 금융기관, 첨단 기술·제품을 개발하고 있는 연구개발형 기업, 시큐리티(Security)나 품질기준이 극히 높은 기업, 그 회사의 제품자체가 특주품인 기업 등을 들 수 있다. 이러한 고객은 그다지 많지 않아서 공급업체(Supplier)로서는 소수의 고객으로부터 가능한 한 많은 수익을 확보할 필요가 있다. 다시 말해, '이왕이면 든든한 그늘'이 되어줄 고객, 또는 특수한 요구에 최대한 헌신하면 오랫동안 편애를 해줄 고객을 선택하는 일이 중요하다.

이렇게 보면 대부분의 중소기업은 적합하지 않다. 대기업이라 해도 낮은 가격을 원해서 일반 입찰을 되풀이 하는 기업이라면 이 전략은 적합하지 않다.

전략 검토 포인트 ③
마케팅 믹스

마케팅 믹스라고 하면 자사가 판매할 제품(Product), 가격(Price), 판매채널(Place), 판매촉진(Promotion) 등의 조합을 말한다. 이 네 가지의 머리글자를 따서 4P라고 부르기도 한다. 표준화와 커스터마이제이션 중 어느 쪽 전략을 선택하느냐에 따라 이러한 마케팅 믹스가 달라지므로 주의할 필요가 있다.

표준화 전략의 마케팅 믹스

표준화 전략을 선택할 경우 마케팅 믹스의 기본적인 사고방식은 다음과 같다.

- 제품 : 완전 표준품이나 반완제품(Half-made) 방식(또는 세미커스터마이제이션화) 제품이다. 완전 표준품은 정해진 사양 그대로 고객별 니즈에 맞추는 수정은 일체 하지 않은 제품이다. 반완제품 방식(또는 세미커스터마이제이션화)은 판매하는 측이 지정한 범위 내에서 최소한의 수정을 인정하는 것이다. 수정은 비용이 올라가는 요인이 되어 경쟁력을 약화시킬 우려가 있으므로 가능한 한 최소한으로 막는 궁리가 필요하다.

- 가격 : 기본적으로는 표준 리스트 가격으로 고객별 가격조정은 전혀 하지 않지만 설령 하더라도 최소한으로 억제할 필요가 있다.

- 판매채널 : 표준품의 경우 대상이 되는 고객의 수를 증가시키기 위해 커버율은 가능한 한 높게 설정해 놓을 필요가 있다. 또한 고객 한 건당 매출이나 수익이 반드시 크지 않으므로, 한 건 한 건 영업사원이 방문판매를 해서는 비용이 올라가 채산성이 맞지 않는다. 따라서 낮은 비용으로 광범위하게 고객을 커버할 수 있는 채널을 사용한다. 예를 들면 판매특약점, 도매 등의 대리 판매채널, 카탈로그나 인터넷 등을 이용한 통신판매가 일반적이다.

- 판촉 : 불특정다수의 고객을 상대로 하는 일이 많기 때문에 판촉은 어느 정도 수행할 필요가 있다. 이 경우 표준품이므로 특정 제품·서비스의 내용을 상세하게 소구할 필요는 적다. 오

히려 신뢰할 수 있는 표준품 공급업체(Supplier)인 점을 소구하기 위해 기업의 브랜드나 제품라인 등의 일반적인 광고를 대상 업종·고객의 눈에 띄기 쉬운 방법으로 하는 경우가 많다. 예를 들면 업계지나 비즈니스지의 광고, 업계 세미나에의 출전·출품 등이다. 그렇다고 하더라도 소비재와 비교하면 판촉에 드는 비용은 한정적이다.

커스터마이제이션 전략의 마케팅 믹스

이에 비해 커스터마이제이션 전략을 취할 경우 마케팅 믹스의 기본적인 사고방식은 다음과 같다.

- 제품 : 특주품이다. 타깃 고객의 니즈에 맞추어 특별히 가공한 제품이다.
- 가격 : 특별가격이다. 동일한 제품·서비스라고 해도 통상은 특별주문의 정도에 따라 고객별로 가격이 다르다.
- 판매채널 : 고객별로 니즈를 확실하게 청취하여 고객이 납득할 때까지 설명하거나 조정하기 위한 체제를 구축해야 한다. 따라서 통상적으로는 자사의 영업사원이 직접 방문판매하는 형태를 취하는 경우가 많다.

- 판촉 : 불특정다수의 고객에게 판매하는 것이 아니라 소수의 한정된 고객만을 상대로 하므로, 판촉은 거의 또는 전혀 하지 않는다. 가장 유효한 것은 기존 고객의 소개나 업계 내의 입소문 등이다. 특히 기업으로서 거래하기에 충분히 신뢰할 수 있는 브랜드임을 나타내기 위해서 업계 내에서 존경받고 있는 리더격인 기업과의 거래나 그 경영자와의 관계구축(Relation)이 실질적인 광고탑적인 역할을 하는 경우가 많다.

선행투자만이
지속적인 경쟁우위를 구축한다

다수의 경쟁상대가 비슷한 표준화나 커스터마이제이션 등의 전략을 선택하는 경우, 자사가 타사에 대하여 지속적인 우위성을 구축하기 위해서는 어떻게 하면 좋을까?

그 대답은 한결같이 '선행투자'이다. 실제로 수익이라는 형태로 과실을 손에 획득하기 전에 손실을 각오하고 투자를 수행할 필요가 있다.

표준화 전략의 우위성 구축

표준화 전략을 선택한 기업끼리 경쟁하는 경우, 타사에 대해서 우위성을 구축하려면 다음과 같은 세 가지 면에서 '선행투자'가 필요하다.

첫째, 표준품 개발에 대한 투자이다. 표준화 전략을 취하는 기업 중에는 표준품을 만들기 전에 특정고객을 위한 특주품을 공급하던 곳이 많다. 그러나 그것을 그대로 출시해서는 시장에서 팔리지 않는다. 불특정다수의 고객에게 판매하기 위해서는 특주품을 많은 기업이 수용할 수 있는 범용품으로 수정할 필요가 있다. 제품·서비스의 사양에서도 특수한 것을 제거하고, 최대공약수적인 것으로 슬림화할 필요가 있다. 동시에 시장에서 수용할 수 있는 저가격을 실현할 수 있도록 코스트를 다운해야만 한다.

이러한 제품의 표준화·범용화를 '프로덕트(Product)화'라고 부른다. 우선 이 프로덕트화에 대한 선행투자가 필요하다.

둘째, 업계의 디팩토(De facto; 업계표준화)에 대한 투자이다.

디팩토는 사전적으로 '사실상의'라는 의미이다. 그러나 여기서는 규격이나 법률에서 정하고 있는 것은 아니지만 다수의 기업에서 공통적으로 사용하고 있기 때문에 사실상 업계에서 실질적인 표준으로 사용하게 된 상품이나 서비스 등을 일컫는다. 예를 들면, PC의 기본 소프트라면 이제는 윈도우(Windows)가 PC 메이커의 디팩토가 되고 있다.

자사의 제품·서비스가 윈도우처럼 업계에서 디팩토가 되면, 타사가 추격해 올 때까지는 거액의 독점적인 이익을 올릴 수 있다. 그러기 위해서는 앞서 언급한 프로덕트화를 추진하는 것만으로는 충분하지 않다. 더욱 중요한 것은 판매규모가 큰 유저, 첨단상품의 개발력이 강한 유저, 또는 중앙관청이나 대학처럼 영향력이 큰 유저들이 먼저 사용하게 하고, 그 유저를 다른 유저들이 추종하도록 유도하는 방법이 중요하다. 이러한 유저를 '인플루언서(Influencer; 영향력을 행사하는 고객)'라고 한다.

이를 위해서는 우선 자사가 속해 있는 업계에서 누가 인플루언서인지를 판단하는 것이 중요하다. 또한 인플루언서가 사용하도록 하기 위해서 때로는 무료로 배포하기도 하고, 인플루언서의 그 제품에 대한 친밀도를 강화하기 위해서 인플루언서의 니즈를 표준품에 수용하여 함께 프로덕트화를 추진하는 방법 등이 유효하다.

그리고 표준품의 경우 그 공급업체가 한 개 회사밖에 없는 경우에는 유저도 채용을 망설이는 경우가 많다. 그 한 개사에 생사여탈권을 뺏기는 것을 우려하기 때문이다. 따라서 어느 정도 표준품의 라이센스를 공개하여, 동일제품을 공급할 수 있는 동일진영 내의 파트너를 개척할 필요가 있다. 이러한 일련의 디팩토에 대한 선행투자가 필요한 것이다.

셋째, 기업의 업무를 표준화하기 위한 투자이다.

프로덕트화를 할 수 있고 디팩토화를 추진하여도 그것만으로는 충분하지 않다. 표준화 전략을 채용한 기업은 기업의 업무나 조직도 표준화할 필요가 있다. 표준화 전략을 취하면 표준품의 오더(주문)가 대량으로 들어오게 된다. 그것을 원활하게 처리해 나갈 필요가 있다. 그러므로 제품의 규격을 단순화하고 또한 통일시켜 가능한 한 여분의 가공공수를 발생시키지 않도록 해야만 한다.

생산도 규모를 확보하기 위해서 선행생산을 해야만 한다. 또한 수·발주에서 생산, 물류, 재고에 이르기까지의 과정을 마찬가지로 단순화·통일화하여, 최대한 단기간·저비용으로 각각의 공정을 처리할 수 있도록 전 프로세스를 표준화해 갈 필요가 있다. 판매 프로세스도 앞서 언급한 것처럼 가능한 한 설명은 생략하고, 카탈로그를 보고 기본적인 사양을 지정하는 것만으로 고객이 발주할 수 있도록 해야 한다. 또한 대금을 회수할 수 있도록 프로세스나 형식을 규격화·표준화하여야 한다.

고객의 특별한 가공요구를 잘 거절하고 표준품으로 고객을 유도할 수 있도록 영업 프로세스도 정형화할 필요가 있다. 애프터서비스도 기본적으로는 큰 수고를 들이지 않고 처리하고, 고객이 제기한 클레임의 접수부터 반품, 수리, 부품의 공급, 서비스 사원의 파견에 이르기까지 최소한의 수고로 대응할 수 있도록 규격화해야 한다. 또한 이렇게 규격화 된 프로세스를 수행할 수 있는 관리체제나 IT 등의 인프라스트럭처를 구축하고, 동일한 행동을 할 수 있도록 표준적인 인재를 양성하는 등 관리 면에서도 표준화해야만 하므로 이를 위해서는 선행투자가 필요하다.

이러한 세 가지 분야에서의 선행투자를 타사보다 먼저 추진하는 기업만이 타사에 대해서 지속적인 우위성을 구축할 수 있다.

커스터마이제이션 전략의 우위성 구축

커스터마이제이션 전략의 우위성 구축의 열쇠도 선행투자이다. 마찬가지로 세 가지의 투자가 필요하다.

첫째, 고객의 니즈를 충족시킬 수 있는 고도의 제품·서비스 품질을 실현하기 위한 투자이다. '특주품'을 원하는 고객의 요구수준은 일반적으로 높다. 시판되는 범용품으로는 만족하지 못하기 때문에 비싸도 특주품을 원하는 것이다. 범용품의 수준을 훨씬 뛰어넘는 높은 수준의 기술이나 서비스를 제공하지 못하면 고객은 처음부터 상대해 주지 않는다. 더욱이 특주품을 원하는 고객 자체도 빠른 스피드로 진화한다.

따라서 이 전략을 취하는 경우, 경쟁 타사의 품질을 훨씬 능가하기 위해서, 또한 진화 스피드가 빠른 고객에게 항상 높은 부가가치를 계속 제공하기 위해서 언제나 기술이나 스킬, 공정을 연마하는 노력이 필요하다. 즉, 타깃 고객의 니즈가 어디에 있는가를 파악하는 노력, 그 니즈에 대하여 어떤 제품·서비스를 제공할 것인가를 부단히 검토하는 노력, 항상 업계 최첨단의 기술이나 노하우를 개발·제공하는 노력, 가장 우수한 레벨의 인재를 획득하는 노력, 진부화하거나 범용화 된 제품은 과감하게 버리는 것 등이 필요하다. 눈이 높은 고객을 만족시킬 수 있는 특주품을 만들기 위한 투자가 불가결하다.

둘째, 특정 유력한 고객과의 장기 거래관계를 구축하기 위한 투자이다.

이 전략의 열쇠는, 특주품에 대해서 비싼 가격을 지속적으로 지불해줄 단골 고객의 개척과 그 고객과의 관계를 유지하는 것이다. 단골 고객의 확보를 위해서는, 최초 거래에서는 다소 자사에 부담이 되더라도 고객의 기대를 상회하는 품질의 제품·서비스를 제공하여 고객을 감동시키는 것이 필수불가결하다.

또한 고객의 니즈나 기호를 보다 깊게 이해하고 고객의 의사결정 방식이나 타이밍 등을 파악할 수 있도록 고객의 조직 안에 깊숙이 침투하는 것도 중요하다. 그러기 위해서는 경영자나 담당자 등 각 계층과 깊이 교류하며 사이좋게 지내기 위한, 영업노력에 대한 투자도 필요하다. 거래개시 후에는 최초의 오더와는 다른 제품 영역이나 제품 분야에 대해 고객조직 내에서 '횡전개'를 꾀하기 위해서, 니즈가 있을 법한 부문으로 접촉을 넓혀가는 것도 중요하다.

한 건 한 건의 오더 수익성보다 모든 오더를 합산한 고객 전체의 수익 쪽이 중요하다. 또한 1회 한정성의 거래보다 장기간에 걸쳐 지속·반복적으로 거래하는 것이 훨씬 더 중요하다. 따라서 손실을 보는 거래라고 하더라도 고객과의 관계지속에 유리하거나 다음에 더 크게 수익을 올릴 수 있는 거래의 포석이 되는 거래라면, 손실을 감안하고 수주하는 것도 필요하다. 요컨대, 고객과의 관계 형성·유지·발전을 위한 선행투자가 필요한 것이다.

셋째, 자사의 업무를 고객니즈에 맞추어서 커스터마이즈하는 투자이다.

특주품의 고객은 제품·서비스의 특주뿐만 아니라 높은 가격에 걸맞은 고객대응 전체의 특주화를 요구한다. 따라서 특주품의 개발·제조뿐만 아니라 기업의 업무·조직 전체를 고객니즈에 맞추어 개혁할 필요가 있다.

구체적으로는 자사의 제품규격을 고객의 규격에 부합시킨다. 판매에서는 특정고객 전문창구(고객 어카운트 매니저)를 두고 고객에게 일차적으로 대응할 뿐만 아니라, 고객에 관한 정보나 대응 노하우를 축적한다. 수·발주, 생산, 물류에서는 고객의 니즈에 맞춘 저스트 인 타임(Just In Time; 적시적량)의 생산·배송 체제를 취한다. 애프터서비스에서는 24시간 즉시대응체제를 취하는 것이다.

이처럼 고객의 니즈에 딱 맞는 체제를 취하기 위해서, 중요한 대형고객에 대해서는 고객의 거점 근처에 사무소나 공장을 설치하거나, 영업사원이나 설계·개발 요원을 고객의 사무소 내에 상주시켜서 밀착·즉시 대응할 수 있도록 하고 있는 경우가 많다(이것을 Next Door Policy라고 한다). 이처럼 조직이나 업무전체를 커스터마이즈하는 선행투자도 불가결하다.

유의해야 할
각 전략의 한계 · 리스크

두 가지 전략은 각각 고유의 한계와 리스크가 있으므로 주의가 필요하다.

표준화 전략의 유의점

표준화 전략의 유의점은 세 가지다.

첫째, 당연한 말이지만 특주품을 요구하는 고객에게 이 전략은 쓸 수 없다는 점이다.

표준화된 제품이나 대응체제에서는 특주품을 원하는 고객을 만족시킬 수 없다. 한 번은 판매를 했다 하더라도 고객이 불만을 느끼고 반복구매를 하지 않는다. 특주품 비즈니스를 생각하고 있다면 전혀 새로운 체제가 필요하다.

둘째, 시장의 포화에 따른 저가경쟁이다. 커머디티화가 진전되면, 다수의 진입자에 의한 경쟁심화로 가격경쟁이 벌어지고 수익성이 저하된다. 이런 경우에는 생존 방법이 한정된다. 하나는 기존제품을 토대로 생산규모를 확대하거나 저비용 지역으로 빨리 공장을 이전하거나 하여 타사 이상의 저비용을 실현하는 것이다. 여기에는 물론 공장 이전 등 대규모의 사업구조 전환이나 이에 수반하는 투자가 필요하다. 마부치 모터* 등이 취한 작전이다.

두 번째 생존방법은 새로운 표준품을 개발하는 것이다. 타사가 추격하여 커머디티화가 진행되면 즉시 그 분야에서 철수하고 새로운 다음 표준품을 개발하여 다시 한 번 일시적인 독점지위를 확보하는 것이다. 이것은 커넥터의 메이저 업체인 히로세(Hirose)가 취하고 있는 작전이다.

이러한 방법을 계속적으로 반복함으로써 가격경쟁을 회피하면서 높은 수익성을 확보할 수 있다. 이것을 '표준품의 매복전략'이라

---

*일본의 소형모터기 생산업체로, 한 발 앞서 생산거점을 중국으로 이전하여 경쟁력 획득에 성공

고 한다. 다음의 디팩토를 예측하고 거기에 미리 자원을 투자하여 표준품의 후보 프로덕트를 준비하고 기다리기 때문이다. 다만, 기술이나 제품의 동향을 먼저 파악하는 능력과 선행투자가 필요하다.

또 하나의 생존방법은 동일한 표준화를 이용할 수 있는 다른 분야로 다각화를 시도하는 것이다. 지금까지의 표준화 노하우를 다른 분야에서 활용하거나 공장, 유통센터, 영업채널 등 일부 자산의 공용에 의한 시너지 효과를 노릴 수 있다. 금형부품상사인 미스미가 금형부품의 통신판매 모델을 다른 제품 분야에 횡전개하였던 것이 좋은 예이다. 다만, 동일한 표준화로 보이는 사업에서도 미세한 부분에서 차이가 있을 수 있다. 그것을 수정하는 데 의외로 비용이나 투자를 필요로 할 수 있으므로 주의가 필요하다.

셋째, 투자 리스크를 컨트롤하는 것이다. 표준품의 프로덕트화, 디팩토화, 업무 프로세스나 조직체제의 표준화 등에는 대규모 선행투자가 필요하기 때문에, 선행투자를 회수할 수 있을 만큼의 충분한 범용품 시장규모가 있는지를 파악하는 것이 중요하다. 또한 NTT나 중앙관청처럼 특정의 기업이 독점적인 구매지배력을 갖게 되면, 표준품의 가격은 터무니없이 인하된다. 따라서 그러한 기업이 있는지 시장의 구조를 확인하는 것이 중요하다.

더불어 표준품의 시장은 시황에 크게 좌우되는 경우도 많으므로, 시장의 리스크를 분산하는 체제를 확립하는 것도 중요하다. 예를 들면, 생산이나 물류 등의 기능을 아웃소싱하여 변동비화하고 시황에 따라서 계약량을 낮은 비용으로 조정할 수 있도록 해두는 등의 궁리가 중요하다.

커스터마이제이션 전략의 유의점

커스터마이제이션 전략의 유의점은 두 가지다.

첫째, 당연히 표준품 고객에게는 이 전략이 통하지 않는다. 표준품 전략에서는 개별고객을 가능한 한 표준품에 맞추도록 하는 것이 중요하다. 그러나 특주품의 공급업자가 양산품이나 범용품을 다루기 시작하면, 그만 고객의 요청을 받아들여 개별 니즈에 일일이 대응하거나 필요 이상의 고급한 사양을 만들게 된다. 그 결과 노력의 대폭적인 증대로 비용이 상승해 경쟁력을 상실하는 경우가 많다. 대형 조선업체 등이 양산품을 제작해서 잘 되지 않은 것은 전부 이 패턴이다. 특주품을 만들어 온 조직에서는 표준품·범용품의 진행방식이나 품질수준을 몰라서 좀처럼 잘 돌아가지 않는 일이 많다. 동일한 사업부나 인재로는 어려운 경우도 많다. 표준품을 위한 새로운 체제가 필요한 것이다.

둘째, 고객 리스크를 컨트롤하는 것이다. 커스터마이제이션 전략은 어떤 의미에서 고객의 성장이나 성공과 함께 자사도 성장하고 성공하는 전략이다. 또한 소수의 한정된 기업만을 상대로 하여 그 밖의 고객을 배제하고 특정고객에 특화하는 비즈니스이다. 따라서 거래할 만한 고객인가, 선행투자를 회수할 수 있을 만한 고객인가를 파악하는 것이 중요하다. 프리미엄을 지불해 줄 것인가, 후원자로서 다양한 제품·서비스를 구매해 줄 것인가, 계속해서 반복구매해 줄 것인가, 함께 성장할 수 있는 '승자그룹' 기업인가 등의 '가치평가'가 중요하다.

또한 대형 단골고객에 대한 의존이 장기화되면 판매하는 쪽의 입장은 약해진다. 특정기업에 대한 거래의존도가 지나치게 높으면, 그 기업이 거래를 중단하거나 축소했을 때 실적에 미치는 충격이 너무 높아져서, 경우에 따라서는 자사 전체가 위기에 노출되는 경우가 생길 수도 있다. 이러한 고객 리스크를 분산하는 체제를 구축하는 것도 중요하다.

예를 들면, 특정고객에 대한 과도한 의존을 피해서 적절한 고객 포트폴리오의 균형을 유지한다. 또한 고객기업과의 기업 대 기업의 신뢰관계, 특히 기업 경영자끼리의 신뢰관계나 우호관계를 돈독히 하여, 단칼에 거래가 중단되는 리스크를 경감시킨다. 고객의 핵심 업무 프로세스에 깊이 관여하고 실질업무를 아웃소싱하게 하여 거래중단이나 축소를 하기 어렵게 만드는 것도 한 방법이다.

전략의 전환은 실행하기 힘들다

　　표준화와 커스터마이제이션이라는 두 가지 전략에 대해서 간략하게 소개하였다. 이 두 가지 전략이 전혀 다른 싸움방식이라는 것, 일단 어느 한쪽을 선택하면 다른 길로는 좀처럼 전환하기 어렵다는 것, 하나의 사업부문 안에서는 좀처럼 두 가지 전략이 양립하기 어렵다는 점을 이해했을 것이다. 시장을 과학화한 후 구체적인 영업이나 마케팅의 방법을 검토하기 전에, 우선은 자사의 제품·서비스가 어느 쪽의 길로 가야할 것인지를 기업이나 사업부에서 철저하게 논의하여 결정할 필요가 있다.

　　필자의 경영컨설팅 경험에서 보면 실제로 이 전략이 애매모호한 기업이나 사업부문이 많다. 명백하게 표준품을 목표로 하고 있으면서도 특주 니즈를 상당히 수용하여 높은 비용으로 적자에 허덕이고 있거나, 주문이 까다로운 회사에 본래 가지고 있던 표준 패키지를 들고 가서 냉대를 당하는 등 원래부터 전략이 적절하지 못한 경우가 많다. 부디 사내에서 시간을 마련하여 어느 쪽의 전략으로 진행할 것인가를 곰곰이 논의해보기 바란다.

참고

'규모의 경제성'(Scale Merit)과 '경험효과'(학습효과)의 차이

이 두 가지는 비슷한 듯하지만, 다른 개념이므로 주의가 필요하다. '규모의 경제성'은 어떤 시점에서 동일한 제품·서비스를 제조·제공하는 두 기업을 비교할 경우, 생산·판매량이 큰 기업의 비용이 낮은 것을 가리킨다. 생산·판매된 제품(서비스)의 수량이 많을수록 한 제품(서비스)당 고정비 부담이 작기 때문이다. 고정비 비율이 높은 사업일수록 규모의 경제가 크게 작용한다.

한편 경험효과는, 동일 제품(서비스)을 생산·제공하는 두 기업을 비교할 경우, 일정기간 내에 보다 많은 제품(서비스)을 생산·제공했던 기업의 비용이 낮아지는 것을 가리킨다. 다른 기업보다 먼저 제조기법에 숙련되었거나, 새로운 고안 및 테크놀로지를 받아들여 작업순서가 원활해졌기 때문이다.

THE BCG WAY

제 4 장

고객을 재발견한다

니즈와 의사결정의 구조 분석

THE ART OF BUSINESS MARKETING

The BCG Way
The Art of Business Marketing

기업고객을
깊이 있게 이해하는 방법

제2장에서는 '시장을 과학화하는 방법', 즉 시장 전체를 크게 파악하여, 어디에 기회와 위협이 있는가를 분석하는 방법에 대해 소개하였다. 이번 장에서는 3C 중에서 가장 중요한 고객(Customer)을 깊이 있게 이해하는 방법에 대해서 소개한다.

'고객 제일'이나 '고객의 관점에서'라고 고객에 대한 이해를 내세우는 슬로건은 많지만, 유감스럽게도 제대로 이루어지고 있는 기업은 그다지 많지 않다. B2B 비즈니스에서는 특주품이든 표준품이든 모든 고객이 아니라 한정된 기업군을 고객으로 상정하고 있다. 당연히 고객을 이해하는 방법도 소비재 고객(다시 말해 소비자)을 이해하는 것과는 다른 부분이 있다. B2B 비즈니스에 있어서 고객, 즉 기업을 깊이 있게 이해한다는 것은 통상적으로 다음의 사항을 의미한다.

- 모든 고객이 아니라, 자사에 있어서 가장 중요한 고객에게 집중하여 깊이 있게 이해한다.
- 공급자(자사)의 관점이 아니라 고객의 관점에서 생각한다.
- 표면상의 니즈가 아니라 배후에 있는 진정한 니즈를 이해한다.
- 고객에게 있어서의 경제 가치를 정량화하여 평가한다.
- 고객의 의사결정구조를 이해한다.

이번 장에서는 고객을 깊이 있게 이해하고, 지금까지 알고 있다고 생각했던 고객을 새롭게 '재발견'하여, 거래관계를 재설계하기 위한 방법으로서 다음의 사항을 소개한다.

(1) 고객 타깃팅 : 누가 중요한 고객인가를 알아내는 방법
(2) 딥 커스터머 디스커버리: 고객을 재발견하는 방법
　① 심층 니즈 발굴 맵 : 고객의 진정한 니즈를 파악하는 방법
　② EVC : 고객의 관점에서 제품·서비스를 평가하는 방법
　③ DMU : 고객의 의사결정구조를 이해하는 방법

①~③의 방법은 (2)의 딥 커스터머 디스커버리의 일부를 구성하는 방법이다. 세 가지 모두 일상의 활동 중에서 사용할 수 있는 방법이므로 참고하기를 바란다.

고객 타깃팅
중요한 고객을 선별해 내는 방법

고객 타깃팅의 세 가지 기본

우선 〈도표 4-1〉을 살펴보기 바란다. 이것은 제1장에서 '영업의 암운'의 예로서 소개한 기계업체 B사의 고객별 거래금액과 고객별 이익률의 그래프이다.

거래금액과 수익성 사이에는 그다지 상관관계가 있어 보이지 않는다. 거래금액은 크지만 이익을 내지 못하는 고객도 있고, 거래금액은 작지만 이익을 내는 고객도 있다. 요컨대 거래금액이나 수익성을 기준으로 고객을 관리하고 있지 않은 것이다. 대부분의 기업에서 이와 유사한 상황이 발생하고 있다.

만약 이익을 내지 못하는 기업과의 거래를 중단해 버리면 B사의

〈도표 4-1〉 **고객별 거래액 대비 고객별 이익률**

예) 기계업체 B사의 고객별 거래액 대비 고객별 이익률

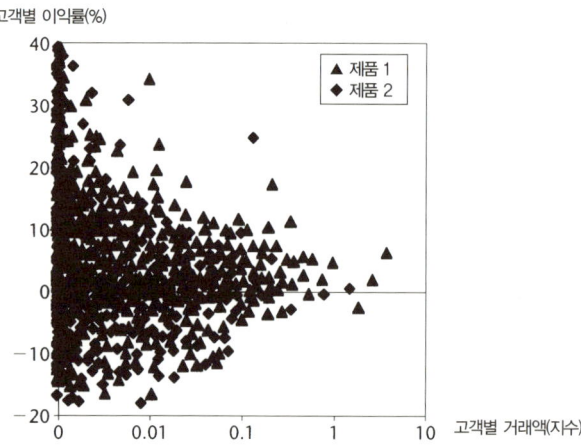

출처 : ⓒ BCG

매출은 반으로 감소하지만, 한편으로 이익은 수배에 이른다. 또한 이익을 내지 못하는 대형고객과의 거래를 중단하지 않은 채 가격을 올리는 등 거래조건을 개선하거나, 동시에 소규모 고객 중에서 이익을 내지 못하는 고객을 퇴출시키고, 이익을 내고 있는 소규모 고객도 거래비용 등을 효율화하면 매출을 그다지 떨어뜨리지 않고 역시 이익을 대폭적으로 늘릴 수 있다.

다시 말해 모든 고객과 거래하는 것이 아니라, 어떤 고객과 깊이 있게 거래할 것인가, 어떤 고객과는 간단하게 거래할 것인가, 어떤 고객과는 거래하지 않을 것인가의 방침을 확실하게 정하여 각각의 거래

방식을 변경함으로써 기업의 수익을 크게 개선할 수 있는 것이다. 이처럼 '거래할 기업을 선택하는 것'을 '고객 타깃팅'이라고 한다.

고객 타깃팅의 기본은 다음의 세 가지이다.

- 먼저 고객별 수익성을 확실하게 파악할 것. 수익성은 현재의 수익성과 장래의 수익 잠재력으로 나누어 파악할 것
- 수익성에 근거하여 고객을 구분하고 세그먼테이션을 실행할 것
  - 이익이나 성장의 원천으로 할 고객
  - 이익·성장 이외의 목적, 예를 들면 개발력이나 서비스의 향상 또는 '광고탑' 등을 위해서 거래하는 고객
  - 퇴출시킬 고객
- 실제의 자원분배나 고객 어프로치, 판매채널의 선정, 영업방법 등을 고객 세그먼테이션에 맞춰서 변경할 것

다음에서 예를 들어 알아보자.

[사례] 기계업체 B사와 G사의 비교

〈도표 4-2〉는 앞서 언급하였던 기계업체 B사의 고객별 거래 현황이다. B사는 시장을 대형고객, 중견고객, 중소고객으로 세그먼트 한 뒤, 대형고객에게는 직접 자사의 영업팀을 파견하여 최우선으로 전념하고 있다. 한편, 중견·중소 고객은 그 숫자도 많고 한 건당 거

<도표 4-2> **고객 타깃팅**

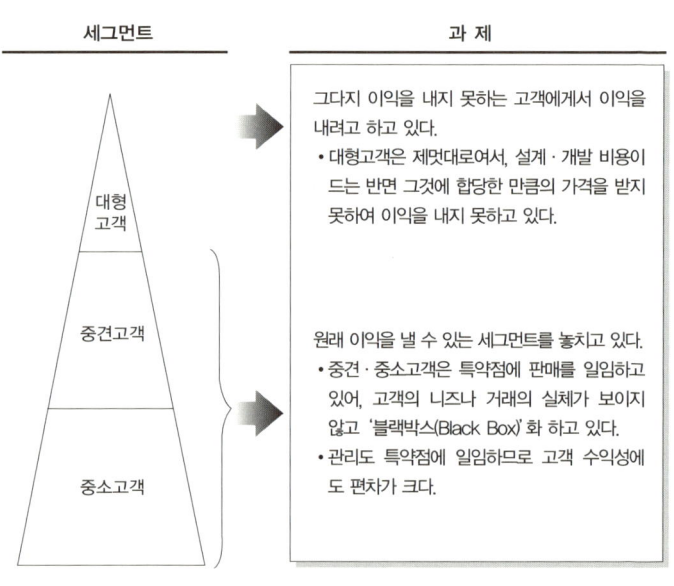

래금액도 작기 때문에 자사가 아니라 특약점에 영업을 맡겨 놓고 효율화를 꾀하고 있다.

그러나 실제로 대형고객은 거래금액은 크지만 제품의 공동개발이라든지 개량 등의 특주품적인 요구가 많다. 따라서 대응 시 제품개발과 영업에도 공수(工數)가 들어가지만, 대형발주이므로 가격협상이 힘들기 때문에 그다지 이익을 내지 못하는 상황이다.

한편, 효율화를 위하여 특약점에 일임하고 있는 중견·중소 고객과는 직접 접촉하는 일이 없기 때문에 고객의 니즈나 거래의 실태가 무엇인지 전혀 알 수 없게 되어 있다. 또한 고객별 거래관리도 특약점에 일임하였기 때문에 결과적으로 고객별 수익성을 보면 편차가 크게 나고 있다. 즉 고객별로 구분하여 영업정책을 나누고는 있지만, 실제로는 그것이 불발(효과를 보지 못함)로 끝나고 있는 것이다.

이에 비해서, B사와 경쟁관계에 있는 기계업체 G사는 전혀 다른 어프로치를 취하고 있다. 〈도표 4-3〉을 보아주기 바란다.

고객 세그먼트를 규모별로 세 개의 순위로 구분하고 있는 것까지는 B사와 동일하다. 그러나 세그먼트별 평가가 상이하다.

G사의 간부는 "업계의 리더격인 대형고객과 거래가 있다는 사실 자체가 신용강화에 도움이 된다"라고 말한다. 또한 "대형고객은 업계리더인 만큼 요구하는 기술·서비스의 수준이 높아서 그곳과 거래하면 실력을 쌓을 수 있다. 말하자면 대형고객은 신제품개발 파트너"라는 것이다. 요컨대, 대형고객은 이익을 내지는 못하지만, '광고탑'이나 '신제품개발의 파트너'로서 이를 악물고 거래하고 있는 것이다.

한편, B사가 경시하고 있던 중견고객을 G사는 '수익성이 높고 이익을 내는 메인 타깃 세그먼트'로 평가하고 있다. 게다가 B사가 특약점에 일임하고 있던 것과는 달리, G사는 직접 자사의 영업팀을 붙여서 공략하고 있다. 실제로 G사는 대형고객과 거래하여 개발한 제품을 표준화하여, 중견·중소 고객에게 판매하고 있다. 중견고객

〈도표 4-3〉 **고객 타깃팅**

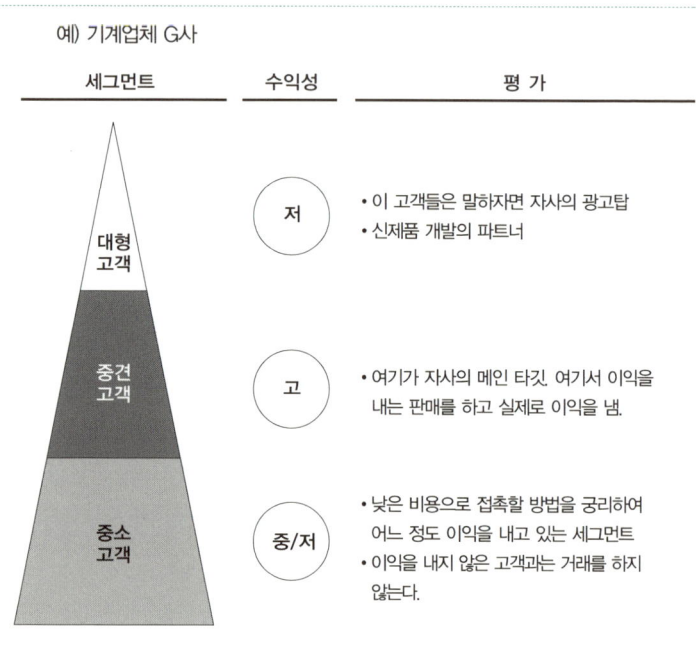

도 다양한 특주 니즈가 있지만, 그것에 대해서는 대형고객의 사용실적을 배경으로 "저렴한 표준품으로 충분합니다"라고 특주품에서 표준품으로 유도하는 영업을 전개하고 있으며, 그것이 이익으로 연결되고 있는 것이다.

마지막으로 중소고객에 대해서는 G사도 특약점이나 인터넷을 통해 판매하고 있다. 그러나 기본방침은 업무효율화와 '이익을 내지 못하는 고객에게 판매하지 않는다'라는 철저한 고객별 수익관리이다. 그 결과, 중견고객 세그먼트만큼은 아니지만 그런대로 손실을 보지 않는 세그먼트가 되어 있다.

어떤가? 완전히 동일한 업계에서 비슷한 세그먼테이션을 하고 있으면서도, 고객에 대한 평가를 전환하고 그에 수반하는 어프로치도 전환함으로써 커다란 실적 차를 낼 수도 있는 것이다.

G사가 실시한 고객의 구분을 정리하면, 고객에는 세 가지 타입이 있다.

- 돈이 되는 고객 : 이익을 내야하는 주력 타깃. 어느 정도의 양을 확보할 필요가 있다.
- 지혜가 되는 고객 : 이익을 기대할 수 없지만, 거래함으로써 제품이나 기술력을 향상할 수 있거나 다른 고객에게 판매할 때 '광고탑'이 될 고객. 그다지 이익을 내지는 못하므로 여러 회사와 거래하지 않는다. "여기다"라고 생각하는 소수의 프리미엄 고객으로 좁힌 한정 타깃.
- 버릴 고객 : 거래할 가치가 없는 고객. 타깃 외.

이처럼 구분의 이미지를 갖고서 각각의 고객에 대한 공략법을 바꾸는 것이 고객 타깃팅의 포인트인 것이다.

승리마 타깃팅

지금까지 고객별 수익성이나 '신제품개발 파트너', '광고탑' 등의 의의에 따라 고객을 선별하거나 평가를 달리하는 타깃팅에 대해서 소개하였다. 실제로 타깃팅에는 또 하나의 중요한 척도가 있다. 그것은 '승리마는 누구인가?'이다.

〈도표 4-4〉는 TFT 액정패널 생산액으로 본 마켓 셰어를 2002년까지의 추이와 그 후의 예측으로 나타내고 있다. 한눈에 알 수 있는 것처럼 시장에서는 서서히 집약화가 진행되어 향후에는 상위 5개사의 셰어가 더욱 확대될 것이라고 예측되고 있다. 현재 패널업체에 액정부품이나 원재료를 공급하는 업체에게 "주력 패널업체 중에서 한 개 회사를 고객으로 선택하라고 하면 어떤 업체를 골라서 거래하겠습니까?"라고 물어보면, 아마 "상위 5개사 중에서 1개사를 타깃으로 하겠다"고 대답할 것임에 틀림없다.

그러나 만약 타임머신을 타고 1998년 이전으로 돌아가 그 시점에서 위의 질문을 똑같이 해보면 아마도 다른 대답이 돌아올 것이다. 샤프를 선택한 사람은 1998년에도 많았을 것으로 생각하지만, 한국이나 대만의 패널업체(Samsung, LGPhilips, AUO, ChiMei 등)를 선택한 사람은 아마도 별로 많지 않았을 것이다. 반대로 셰어를 떨어뜨려버렸던 '기타'에 들어있는 일본 업체를 선택한 사람들이 많았을 것이다.

〈도표 4-4〉 **TFT 액정패널 생산액의 셰어 추이 및 예측(2002년 기준, 주요 23개사)**

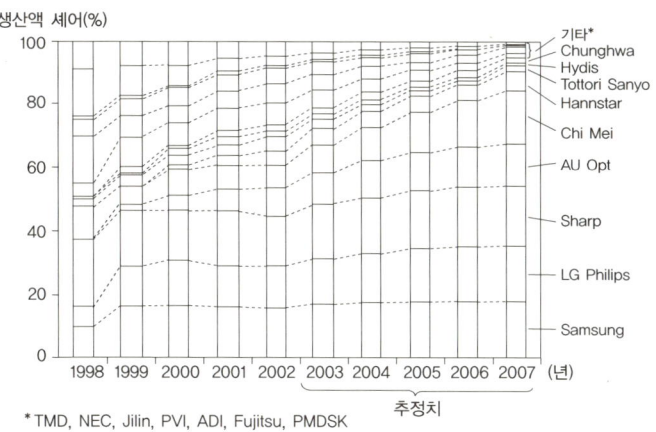

* TMD, NEC, Jilin, PVI, ADI, Fujitsu, PMDSK

출처 : ⓒ BCG

    만약, 후에 급성장한 한국·대만 업체와 한 발 앞서 파트너가 되기로 결정한 부품업체가 있었다면 이들 기업은 패널업체의 성장과 더불어 지금까지 상당히 성장해왔을 것이다. 한편 도태된 기업과의 협력관계를 택한 기업은 '그때 다른 의사결정을 했더라면…' 하고 후회하고 있을지도 모른다.

    요컨대, 액정패널처럼 급성장하거나 집약화가 진행되고 있는 업계, 그리고 공급관계가 일단 시작되면 계열화·고정화되기 쉬운 업계에 있어서는 장래의 '승리마'와 '패배마'를 선별해내는 것이 매우 중요하다. 이러한 업계는 이밖에도 다양하다. 예를 들면 자동차, 컴퓨터, 유통채널(대형마트, 편의점, 외식업체 등), 금융기관 등을 들 수 있다.

'승리마'를 남보다 먼저 찾아내어 밀접한 관계를 구축하면, 그 승리마와 더불어 사업을 성장시킬 수 있다. 반대로 뉘앙스는 나쁘지만, '패배마'와 사귀게 되면 함께 주춤거리게 될지도 모른다. 즉, '승리마'의 선정은 사운을 건다는 의미에서 궁극적으로 전략적 고객 타깃팅이라고 해도 좋을 것이다.

문제는 아직 '망아지' 단계에서 어느 것이 장래의 '승리마'이고 어느 것이 '패배마'인지를 판단해야만 하는 것이다. 이것은 기본적으로 어려운 일이다. 최종적으로는 경영자의 '시대를 읽는 눈, 기업을 선택하는 눈, 거래업체의 경영자를 보는 눈'이라는 높은 수준의 '안목'에 귀착하는 부분이 많다.

승리마의 선정과 관련된 논점

'누가 승리마인가?'에 대한 판단은 어렵고 결정타도 없지만, 승리마를 결정할 때 논의하여만 하는 논점은 비교적 명확하다. 〈도표 4-5〉를 참고하기 바란다.

우선, 처음부터 '승리마'에게 무엇을 기대하고 있는가이다. '지혜가 되는 고객'으로서 첨단기술이나 디팩토 표준화를 완성하는 파트너로서 평가하는 것인지, 아니면 '돈이 되는 고객'으로 매출의 볼륨을 올리는 고객으로 평가하는지에 따라 거래하는 방식이 달라진다.

<도표 4-5> '승리마' 고객 타깃팅의 논점

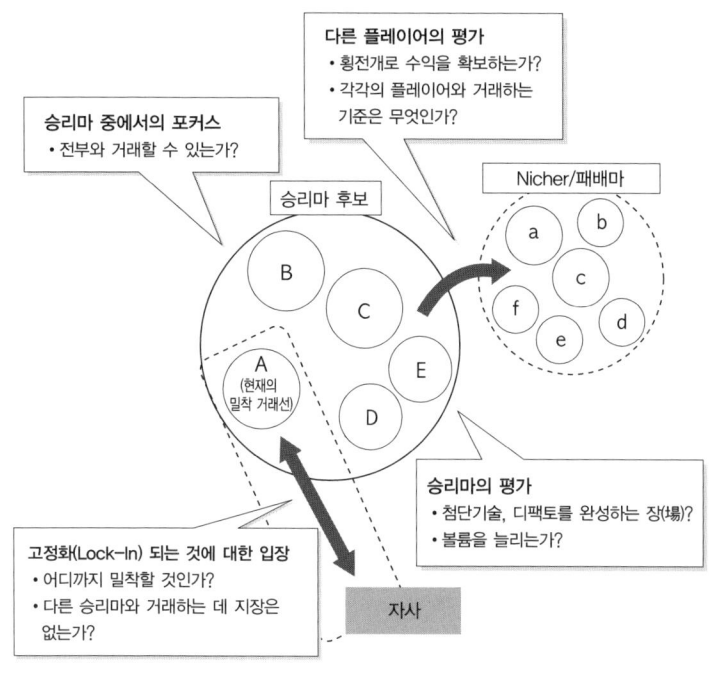

출처 : ⓒ BCG

다음으로, '승리마'의 후보가 복수라고 하면 그 중에서 특정의 기업을 어떻게 선택할지의 문제가 있다. 후보 전부와 동일하게 거래할 수 있는가, 아니면 특정의 후보와만 거래를 할 수 있는가? 자사가 후보 전부와 거래할 수 있을 만큼의 자원이나 능력을 보유하고 있는가? 후보자측도 부품 공급업체를 선정하는 까닭에, 공급업체가 '바람'을 피워 다른 승리마 후보기업과 거래를 하여도 트집을 잡지 않을 것인가에 대한 논점도 있다.

한편, 특정후보와 완전히 밀착할 수밖에 없게 된 경우, 그 기업에 자사가 고정화(Lock-In) 되어 '공동운명체가 될 리스크'를 떠안게 되기 쉽다. 따라서 그러한 리스크에 대한 입장을 확고히 할 필요가 있다. '승리마' 후보가 불안하게 되었을 때 바꿔 탈 수 있도록 유연성을 확보할 수 있는가도 검토해야만 할 것이다.

더욱이 '승리마' 후보 이외의 다른 플레이어에 대한 평가도 고려해야 한다. 승리마 후보와는 별도로, 특정영역에 특화하면서 작더라도 고수익을 올릴 수 있는 '틈새시장 플레이어(Nicher)'를 어떻게 할 것인가? 또한 장래에는 '패배마' 후보일지도 모르지만, 현시점에서는 여전히 대규모 매출을 확보하고 있는 기존의 유력기업 등과는 어떻게 거래할 것인가에 대해서도 정해놓을 필요가 있다.

딥 커스터머 디스커버리
고객을 재발견하는 방법

딥 커스터머 디스커버리(Deep Customer Discovery, 고객심층조사로 의역한다-옮긴이)란 BCG가 90년대 후반부터 제창하고 있는 경업기법으로, 고객의 니즈를 고객 자신도 깨닫지 못한 잠재적 니즈까지 포함하여 깊이 있게 탐색하기 위한 기법이다. 이 기법에 의해 지금까지 인식하고 있던 고객상(象)과는 전혀 다른 새로운 고객의 모습을 재발견할 수 있을 것이다.

이 기법의 핵심은 다음과 같다.

- 고객기업의 진정한 니즈를 파악하는 것이 쉬운 일은 아니지만, 정확한 방법론으로 진솔하고 진지하게 몰두하면 가능하다는 것.

- 고객의 니즈와 공급업체의 사정이 중복되는 부분은 상품이나 서비스지만, 우선은 공급업체의 관점이 아니라 고객기업의 관점이나 논리에 기초하여 제공하는 상품이나 서비스를 재점검할 것. 그러기 위해서는 공급업체 측의 사정을 일시적으로 배제하고 생각해 볼 것〈도표 4-6〉.
- 제공하는 상품이나 서비스에 직접적으로 관련되는 부분 이외도 포함하여 고객기업의 전체적인 사고나 행동을 이해할 것.
- 고객기업뿐만 아니라 고객의 고객으로부터 최종유저까지 포함하여 이해하고, 그 안에서 고객기업이 처한 환경이나 전략을 이해할 것.
- 고객기업의 전략, 가치창조, 경영상의 우선기준 등에 자사의

〈도표 4-6〉 **딥 커스터머 디스커버리**

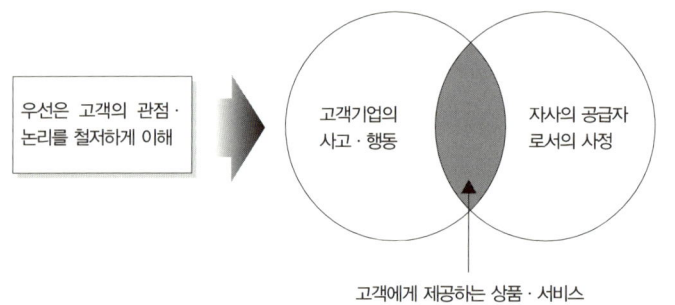

상품·서비스를 맞추도록 할 것. 또한 고객기업의 관점에서 자사나 경쟁사 포지션의 강·약점을 평가해 볼 것.

[사례] 내화용 건축자재업체

예를 들어서 알아보자. 〈도표 4-7〉은 빌딩의 내화용 건축자재업체 X사의 예이다.

X사는 내화용 규산칼슘 칸막이 판자를 제조·판매하고, 시장도 내화용 규산칼슘 판자시장으로 파악하고 있었다. 내화용 칸막이에는 규산칼슘 판자 외에도 다양한 경쟁 재료가 있다는 것을 깨닫지 못하고, 기본적으로는 규산칼슘 판자끼리의 경쟁만을 의식하여, 동종 타사의 규산칼슘 판자에 품질이나 가격면에서 어떻게 이길 수 있을까라는 과제에 줄곧 몰두해왔던 것이다. 그 결과, 규산칼슘 판자 칸막이시장 안에서 X사는 2위에 올라 비교적 건투하고 있었다.

그런데 어느 날, 확판을 위해 컨설턴트를 고용하여 여러모로 조사하는 동안에 아무래도 자사의 시장을 보는 방법이 고객의 관점과는 크게 차이가 나고 있음을 깨닫게 되었다. 고객은 주로 건설업체나 공사업자 등인데, 그들은 내화용 칸막이 시장을 우선 건축물의 장소에 따라 구분하고 있었다. 엘리베이터 주변의 내화용 칸막이, 계단주변의 칸막이, 구획 칸막이 등이다.

더욱이 각각의 장소에 어떤 소재를 사용할 것인지 소재간의 비교도 하고 있었다. 규산칼슘 외에도 ALC, 석고보드, 성형시멘트 등

<도표 4-7> **딥 커스터머 디스커버리**

예) 내화용 건축자재업체 X사

공급업체의 관점

- 자사와 동일한 소재의 상품과의 경쟁 외에는 안중에도 없다.
- 동종 타사에 어떻게 이길까에 주력.

내화용 칸막이에 있어서 '규산칼슘 판자'의 시장

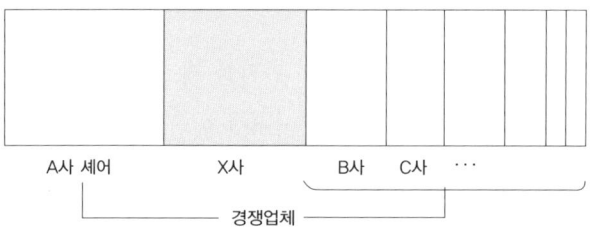

고객기업(건설업체 등)의 관점

- 소재간의 비교가 처음에 존재.
- 소재상품에 덧붙여서 공사·설계.

내화용 칸막이판자 시장

엘리베이터 주변	ALC	석고보드	성형시멘트	규산칼슘	습식
계단					
구획 칸막이					

출처 : ⓒ BCG

의 소재 중에서 어떤 것을 사용할 것인지 선택하는 것이다. 여기서 규산칼슘을 선택해야 비로소 어느 규산칼슘 판자업체의 칸막이를 채용할지를 검토하게 되는 것이다. 즉, 우선은 건물의 장소별 소재 간의 경쟁이 벌어지는 것이다.

나아가서, 고객은 칸막이 판자의 제품뿐만 아니라 그 외의 요소도 고려하고 있다는 사실을 알게 되었다. 특히 건물에 적합한 내화용 칸막이의 설계자체에 대한 어드바이스나 현장에서의 시공제안 등을 높게 평가하여, 그러한 제안을 염두에 두고 소재나 공급업체를 선택하고 있는 것을 알았다. 고객으로서는 그다지 차이가 없어 보이는 칸막이재료 자체의 품질을 상세하게 검토하기보다는 건물 전체의 비용이나 공기(工期), 공사관리가 우선 중요하므로 거기에 가장 적합한 재료나 공급업체를 고르는 일이 최대의 관심사였던 것이다.

이러한 사실이 서서히 판명됨에 따라 X사의 어프로치도 변하지 않을 수 없었다. 지금까지는 자사의 규산칼슘 판자가 얼마나 뛰어난지를 건설업체의 구매창구에 어필하는 것이 영업활동의 중심이었다. 그러나 향후에는 건설업체 사내에서 각 건물의 장소별 설계담당 등에게 먼저 건물 전체의 비용이나 공기, 공사관리 등의 관점에서 타 소재 대비 규산칼슘 판자의 우위성을 설명하기로 했다. 동시에 건설업체의 부담을 경감시키거나 건물 전체의 가치를 높일 수 있는 설계나 시공법에 대해서 제안하기로 했다. 이 어프로치를 실행하자 그 효과가 차츰 실적으로 나타나게 되었다.

X사는 이러한 반성에 입각하여, 영업·기술·설계 등 상이한 입장의 담당자가 함께 고객의 관점에서 시장을 인식하기 위한 '조율의 장(場)'을 정기적으로 갖기로 하였다. 또한 건설업체를 비롯한 주요 고객의 설계·구매·공사관리 등의 부문과도 정기적으로 대화를 갖기로 하였다. 자사의 공급재료의 관점에 얽매이지 않고, 고객의 눈으로 자사제품을 재검검하는 장(場)의 중요성을 뒤늦게나마 깨닫게 된 것이다.

고객의 진정한 인식을 조사하기 위한 실패원인 분석

고객의 관점과 자사의 공급자로서의 관점의 차이가 가장 명확하게 나타나는 것이 입찰 등의 상담에서 의외의 패배를 당했을 때이다. 의외의 패배를 당했을 때야말로 철저하게 고객의 인식을 조사할 기회인 것이다.

절대적인 자신을 가지고 임했던 상담에서 패했을 때만큼 분한 일도 없다. 고객에게 패인을 물어보기는 하지만, "귀사의 제안내용은 훌륭했지만 가격이…"라든지 "귀사는 실적이 아직 적어서…" 등의 형식적인 설명을 듣고 어쩐지 알 듯 모를 듯한 석연치 않은 기분으로 돌아왔던 경험이 있는 독자도 많을 것이다.

〈도표 4-8〉은 IT서비스 상담에서 승패분석을 한 예이다. 최근에 실패한 상담 몇 가지를 선택한 뒤, 컨설턴트가 고객을 방문하여 '왜 이 회사가 아니라 다른 기업에게 발주했는가'를 문자 그대로 꼬치꼬치 인터뷰한 결과 판명된 것이다.

지금까지는 수주실패 후 사내에서 회의를 열거나 고객에게 문의하여 나름대로 패인을 분석하고 있었다. 그 결과 높은 비용이나 실적부족이 최대요인으로 인식되어, "우리는 월급이 비싸서 어쩔 수 없다" 또는 "아직 진입한지 얼마 되지 않아 실적이 없는 것도 어쩔 수 없다" 등으로 스스로를 위로하고 있었다.

〈도표 4-8〉 **패인분석**

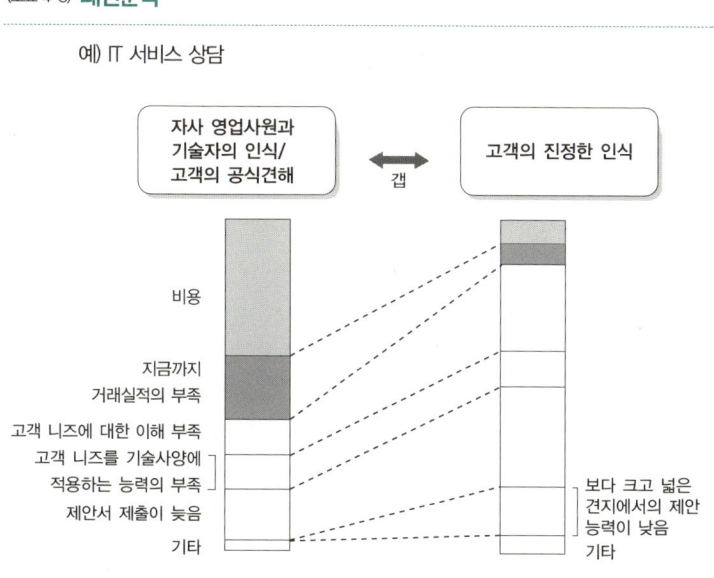

그러나 실제로 고객의 '본심'을 탐문해 보니, 지금까지의 이해와는 다른 그림이 표면으로 드러났다. 즉 "귀사는 우리의 얘기를 충분히 이해하지 못하고 초점이 벗어난 제안을 했다", "귀사는 제안이 늦어서 본 건에 관한 능력이나 열정을 의심하게 했다"라고 하는 불만이 강했던 것이다. 즉, IT 서비스 자체의 능력이나 품질은 말할 필요도 없이, 기본적인 고객대응에 대한 자세나 스킬을 평가하고 있었던 것이다.

또한 "귀사는 우리한테 요청받은 사안에 대해서는 착실하게 회답을 해주었지만, 보다 크고 높은 견지에서 고객이 깨닫지 못한 부분에 대한 제안은 없었다. 우리로서는 지금의 설정된 사양으로 정말 괜찮은지 자신이 없는 부분도 있어서, 그 부분을 깨닫고 보충해주기를 원했다"는 평가도 있었다. 이것도 능력적으로 불가능했던 것이 아니라 영업 부서에서는 눈치 채고 있었던 것이다. 그러나 자사의 약점은 비용 경쟁력에 있다고 인식하고 있었기 때문에, '쓸데없는 제안을 하면 비용이 올라가므로 요청받은 것 이외에는 할 필요가 없다'고 판단해 오히려 보류하고 있었던 것이다.

이러한 패인분석을 통해, 고객이 바라고 있는 바와 자사의 인식 사이에 커다란 갭이 있어서 실패의 경험이 반드시 다음의 성공으로 유효하게 쓰이지 않는 구조를 낳고 있음을 깨달았다.

고객은 공급업체에 대해서 그 회사에서 구매하지 않았던 이유나 다른 공급업체로부터 구매했던 이유에 대해 상세하게 설명하기를 꺼

려한다. 공급업체도 자신의 상처에 소금을 뿌리는 느낌이 들기 때문에 가능한 한 빨리 끝내버리고 싶어하는 법이다. 그렇기 때문에 형식적인 청취가 되기 쉬운데, 그렇게 해서는 좀처럼 본심에 접근할 수가 없다.

본심을 알아내기 위해서는, 우선 상담에 실패한 당사자가 아니라 타 부서 사람 혹은 상사가 가보아야 한다. 당사자에게는 고객도 말하기 어렵고, 묻는 쪽도 난감한 면이 있기 때문이다. 또한 물어볼 상대도 직접적인 구매담당은 물론 그 상사나 유저 부문 등으로까지 조금 범위를 넓혀보면, 지금까지 깨닫지 못했던 논점이 나오는 경우가 많다. 더불어 납득할 때까지 물고 늘어져서 끈기 있게 패인을 알아내려는 노력이 필수불가결하다.

수주실패 직후보다는 어느 정도 시간을 두고 물어보는 편이 좋은 경우도 있다. 실제로 해보면, 고객측이 처음에는 망설이다가도 결국에는 그 끈기에 져서 본심을 말해 주는 경우가 많다. 오히려 그렇게 물고 늘어지는 자세를 평가하여 "다음에는 꼭 끝까지 노력해 주세요"라고 응원해주는 일도 있다.

마지막으로 이 패인을 자기 내부에 간직해 두지 말고, 조직 내에 개진하여 논의하고 조직의 지혜로서 공유화하여 향후의 상담에 활용하는 것이 중요하다. 그러기 위해서는 실패를 과도하게 질책하지 않고, 다음 성공에 대한 투자로 평가해 줄 정도의 '조직의 분위기 조성'도 필요하다. 꼭 실행해 보기 바란다.

딥 커스터머 디스커버리의 기본적인 개념을 이해할 수 있었을 것이다. 지금부터는 딥 커스터머 디스커버리의 구체적인 기법 세 가지를 알아보자.

심층 니즈 발굴 맵

고객 자신도 모르는 진정한 니즈

고객으로부터 의뢰가 있을 때, 그 의뢰가 고객의 진정한 니즈를 나타내고 있지 않은 경우도 종종 있다.

예를 들면, 어떤 IT 서비스회사는 신규고객으로부터 '업무효율화를 위해서 IT를 도입하고 싶다'라는 의뢰를 받아, 그 의뢰에 부응하여 업무효율화를 꾀하는 정보시스템 제안서를 제출하여 경쟁사를 물리치고 멋지게 수주하였다. 그러나 고객 내부에 들어가서 사내업무의 IT화를 검토하기 시작하자마자, 실제로는 전혀 그럴 상황이 아니라는 사실을 깨닫게 되었다.

고객의 사내에서는 애시당초 현재 사업자체의 수익구조가 타당한지와, 현재의 업무를 근본부터 재검토하여 불필요한 업무를 과감하게 퇴출시키고 부가가치가 높은 업무로 변경해야만 한다는 과제를 검토 중이었다. 그런데 고객의 IT 부문에서 그러한 중요과제의 검토와는 별도로 IT의 도입만을 선행하여 결정해 버렸던 것이다.

IT를 도입하여 현재의 업무를 효율화하면 나름대로 비용절감으로는 이어지지만, 향후 사업이나 업무를 재검토하다보면 IT화한 업무자체가 불필요하게 될 리스크가 있는 것은 명백하였다. 이것은 IT부문에 있어서도 바람직한 결과가 아니었다. 즉, 고개의 진정한 니즈는 사업비용을 평가하고 업무자체를 근본부터 재검토하여 경쟁력 있는 비용구조를 실현하는 것이지, 반드시 IT를 도입하는 것은 아니었던 것이다.

이러한 일은 자주 있다. 그 원인의 대부분은 고객의 어떤 부문이나 담당자가 기업이나 사업의 전체적인 관점이나 다면적인 대체안의 검토에 입각하지 않고, 자기 자신의 좁은 담당범위나 지식·견해·경험에 근거하여 한정된 선택 안에서만 생각한 뒤 공급업체에 의뢰를 하기 때문이다. 이른바 고객의 조직 내에서 전체최적이 아니라 부분최적의 관점에서 의사결정을 수행하는 것이다.

또한 고객의 사내 문제해결을 위한 대체안의 검토에 있어서 지금까지의 기술·경험·방식에 제약을 받으므로, 세상에 존재하고 있는 좀 더 현명한 방식을 깨닫지 못한 채 의사결정을 수행하고 있는 것도 중요한 요인이다.

이처럼 고객의 의뢰방식에 그대로 부응하는 것도 하나의 상술이지만 그것만으로는 충분하지 않다. 그 의뢰의 배후에는 실은 더 큰 비즈니스의 기회가 널려 있을지도 모르기 때문이다. 또한 경쟁기업보다 깊게 고객 안으로 파고들어가서, 고객과의 관계를 심화시킬 기회가 될 수도 있다. 나아가 이러한 보이지 않는 니즈를 발굴하여 이에 부응하는 것이 자사의 제품·서비스를 향상시키고 고도화시키는 계기가 될 수도 있는 것이다.

진정한 니즈를 발견하려면

고객의 표면상의 니즈가 아니라 배후에 있는 진정한 니즈를 이해하기 위한 수법이 '심층 니즈 발굴 맵'이다. 표면적으로 나타난 니즈를 거꾸로 더듬어서 고객의 진정한 니즈를 찾아내는 길을 그려가는 작업이므로 '맵(Map; 지도)'이라고 부른다.

〈도표 4-9〉를 참고하기 바란다. 현재 고객으로부터 "A라는 제품을 만들어주기 바란다"는 의뢰를 받았다고 하자. 앞서 언급한 IT의 예에서 보자면 '기존업무의 효율화를 위한 정보시스템 구축의 의뢰'가 여기에 해당된다. 일반적으로는 여기에 부응하여 'A라는 사양으로 어떻게 싸고 고품질의 제품을 만들까?' 또는 '기존의 제품·서비스의 라인업 중에서 A에 가장 적합한 것은 어떤 제품일까?'라는 식으로 바로 검토를 시작해 버린다. 즉, '업무효율화용 패키지 소프트 중에 적당한 것은 없을까?'라고 생각하는 것이다.

그러나 '잠깐만' 하고 멈추어 서서 생각해보는 것이 중요하다. 여기서 가설을 설정해보는 것이다. '고객의 진정한 니즈는 무엇일까?'에 관한 가설이다. 'A를 달성하는 것이 정말로 고객의 니즈일까?', '심층에 보다 근본적인 니즈는 없는 것일까?'라는 질문을 반

<도표 4-9> **심층 니즈 발굴 맵 ①**

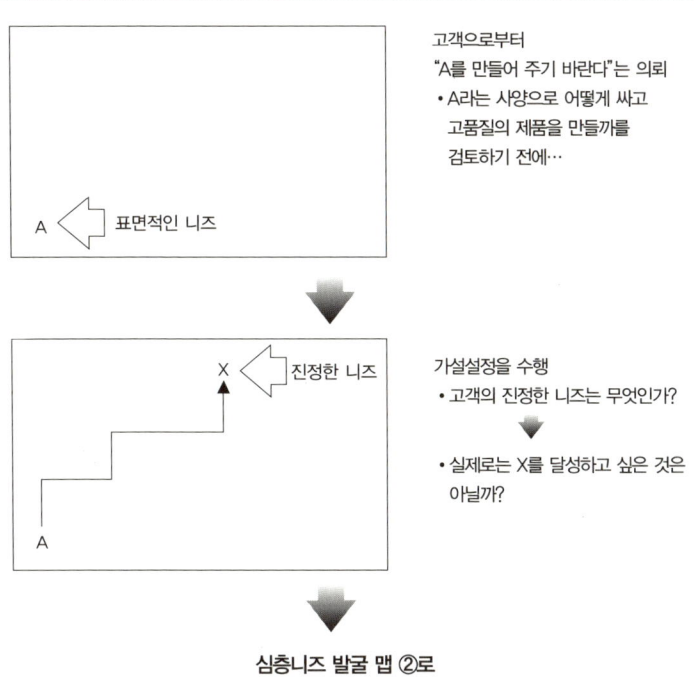

출처 : ⓒ BCG

복하여 '실제로는 A가 아니라 X를 달성하고 싶은 것은 아닐까?' 라는 식으로 검토해 나간다. 앞서 IT의 예에서 보자면, '현재의 업무효율화만이 과제인 것인가?', '그 배후에는 전사적인 업무의 재검토나 혹은 전사적인 사업 및 전략, 조직의 재검토라고 하는 보다 큰 과제가 있는 것은 아닐까?' 라고 생각해보는 것이다.

나아가 고객이나 고객이 하는 사업에 대한 공개정보를 조사하거나 업계·거래처·사내 등에서 고객에 대한 시각을 수집한 뒤, 지금까지 한 것 이상으로 광범위한 리서치를 수행하여 그 가설에 살을 붙여나가는 것이다. 만약 가능하다면, 고객과 A에 관한 미팅을 갖고 X에 관한 가설설정의 방향성이 올바른지를 자연스럽게 확인해보는 것이 좋다. IT의 예에서는 "업무효율화의 IT 제안을 준비하고 있습니다만, 참고삼아서 사업구조 개혁을 검토하거나 업무의 전면적인 재검토를 추진 중이라면 들려주지 않으시겠습니까?"라고 물어보는 것이다.

이러한 사전검토나 고객에 대한 프로빙(Probing; 탐침활동)을 통해서 만약 X가설이 아무래도 맞아떨어지는 것으로 판단되면, 그 다음에는 'X를 달성하기 위해서는 어떤 방법이 있을까?'에 대해서 해결방안들을 작성한다〈도표 4-10〉. X를 달성하기 위한 옵션은 원래의 의뢰였던 A 이외에도 있기 마련이다.

나아가서 A를 포함한 복수의 옵션을 비교·평가하여 고객이 X를 달성하기 위한 최적의 옵션이 어느 것인지를 검토한다. IT의 예에서는 사업의 재검토를 위한 전략 감사, 업무의 진단평가와 재검토, 조직평가나 개혁안의 작성, 그리고 그것에 필요한 IT 활용전략 책정 등의 대체안을 검토한다.

아울러 고객에게 있어서의 비용이나 편익, 시간 등에 관해서도 간략한 평가를 수행한다. 물론 수주 전의 단계에서는 고객의 사내정보를 활용해서 검토할 수 없으므로 이러한 대체안의 검토나 평가에

〈도표 4-10〉 **심층 니즈 발굴 맵 ②**

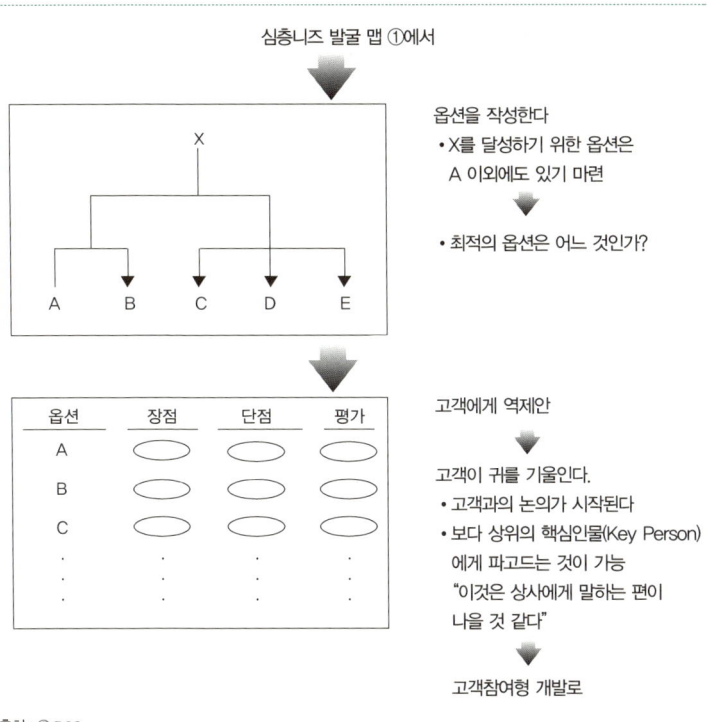

출처 : ⓒ BCG

는 당연히 오류나 불충분한 부분도 있지만, 전혀 상관없다. 요컨대, 고객의 진정한 과제와 그것에 대한 A 이외의 해결책을 사전에 깊이 생각해두는 것이 중요한 것이다.

어느 정도 대체안과 그 평가가 이루어지면 고객에게 대체안을 프레젠테이션 한다. 이른바 고객에게 역제안을 하는 것이다. 이 역제안은 고객과 공급업자의 보다 본질적이고 깊이 있는 대화가 시작되는 계기가 된다.

X라는 과제는 통상적으로 A라는 의뢰보다 고차원적이면서 복잡한 과제인 경우가 많다. 따라서 고객 측에서도 지금까지의 구매창구에서는 대응하지 못하기 때문에 "그런 문제라면 꼭 한 번 상사에게도 말씀해 주십시오", "저희 부서뿐만 아니라 관련 부문도 부르겠습니다"라는 식으로 지금까지 관계했던 레벨보다 상층부 또는 보다 광범위한 부문으로 파고드는 계기가 된다. IT의 예라면, IT 부문 담당자로부터 CIO(IT 담당임원), 혹은 IT 부문에서 전사 경영기획부문 또는 업무기획부문 등으로 관계가 확대되는 계기가 된다.

다만 '쓸데없는 간섭'이라고 반발하는 고객도 있으므로, 제안하는 상대를 선택하거나 말을 꺼내는 방법에는 주의가 필요하다. 고객담당의 영업사원과 작전을 잘 세워야 한다. 앞서 언급한 IT의 예라면, 단순히 IT 부문의 담당자에게 역제안을 하게 될 경우 반발을 살 위험이 있다. IT 부문에서는 전사의 움직임을 깨닫고 있으면서도, IT 부문만 선행해버리려는 부문의 독자적인 배려로써 추진하고 있을 가능성도 있으므로, 전사적인 관점에서 역제안을 하면 부문의 전략에 반하거나 담당자가 업무를 수행하기 어렵게 만들 수 있기 때문이다.

그런 경우에는 전사적인 균형을 고려할 수밖에 없는 부장급 이상의 간부 참석을 요청하거나 IT 부문과의 미팅에 경영기획부문 관련자의 출석을 요청하여, 별도로 경영기획부문에 프레젠테이션 하는 기회를 갖는 등의 작전이 필요하다. '쓸데없는 간섭'이라고 화를 내는 고객도 있기는 하지만, 보다 좋은 아이디어에는 귀를 기울여주는 진지하고 솔직한 고객이라면 일반적으로 "한 번 들어볼까요?"라고 관심을 표명해 주는 법이다.

고객의 경영과제를 생각한다

이미 이해했듯이, 이러한 고객의 니즈를 찾아내기 위해서는 고객의 진정한 경영과제가 무엇인지를 평소부터 깊이 있게 생각해보는 작업이 불가결하다. 그러기 위해서는 고객의 담당부문 창구(Window)뿐만 아니라, 고객 사내에 광범위한 네트워크를 만들어서 보다 높은 레벨의 과제나 부문의 과제에 관해 평소부터 부지런히 정보를 수집해둘 필요가 있다.

또한 이러한 작업을 하는 데는 상당한 노력과 시간이 필요하므로, 모든 고객에 대해서 실행하는 것은 상책이 아니다. 역시 자사에 있어서 의미가 있는 고객에 한정하여 실행하도록 한다. 그러므로 앞서 기술한 타깃팅이 중요한 것이다.

EVC

고객에게 있어서의 가치를 평가

EVC는 Economic Value to the Customer의 머리글자를 딴 것으로, 자사의 제품이나 서비스가 고객에게 있어서 어느 정도의 가치를 지니고 있는가를 정량적으로 평가하는 것이다.

제품·서비스를 구입한 고객에게는 그 구매가격뿐만 아니라 그에 따르는 다양한 부대비용이 발생한다. 예를 들면, 생산설비의 경우에는 초기의 설비도입 비용과 아울러 설치나 시운전 비용, 오퍼레이터의 인건비, 보수·점검·수리 등의 보수유지비용, 촉매·약품·오일 등의 교환비용, 소프트웨어 등의 갱신비용, 금리·보험 등의 금융비용 등이 있다. 이러한 비용을 전부 더한 비용을 TCO(Total Cost of Ownership; 제품소유에 드는 모든 비용), 또는 LCC(Life Cycle Cost; 제품의 라이프사이클을 통해서 드는 모든 비용) 등으로 부르기도 한다.

또한 고객이 새로운 설비를 도입하면 지금까지의 제품과 비교하여 보다 높은 생산성을 실현할 수 있으므로, 비용을 절감하거나 지금까지 할 수 없었던 신제품의 가공·판매를 할 수 있기 때문에 매출이 상승하는 메리트도 발생한다.

이처럼 고객 측에 발생하는 편익이나 비용을 전체로서 정량 평가하는 것이 EVC의 개념이다.

〈도표 4-11〉에서 그 예를 보여주고 있다. 이것은 금융기관으로부터 콜센터 개조를 청부받은 회사가 콜센터 개조에 대한 비용·효과를 비교하여 고객인 금융기관에 있어서 어느 정도의 메리트·디메리트가 발생하는지를 정량적으로 평가한 것이다.

초기투자는 지금보다 대폭적으로 증가한다. 그러나 지금까지 직원이 수작업으로 해오던 자료청구의 접수를 콜센터에서 수행할 수 있게 되어 그 만큼의 인건비가 경감된다. 또한 자료송부, 계약 후의 팔로우 콜(Follow Call), 대금미납 독촉 콜 등을 할 수 있게 되어 계약 증가나 대금회수율의 향상 효과를 기대할 수 있는 등, 지금까지의 콜센터와 비교하여 효과가 크다는 것이 정량적으로 표시되어 있다.

〈도표 4-11〉 **EVC**

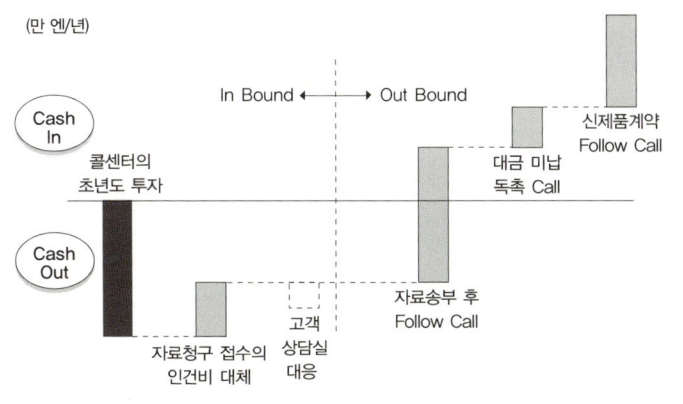

예) 금융기관의 콜센터 개조 비용 대비 효과의 시뮬레이션

출처 : ⓒ BCG

이러한 것을 제시할 수 있으면 고객에게 판매하거나 높은 가격을 요구할 때 설득자료로서 유용하며, 고객인 담당자가 사내에 설명을 하거나 설득할 때도 근거가 되는 법이다.

EVC의 기본적인 사고방식

〈도표 4-12〉는 EVC의 기본적인 사고방식을 간단한 예로서 나타내고 있다. 기존 제품의 평가를 가령 20만 엔이라고 하고, 그것을 현장에 설치하는 설치비용 50만 엔이 고객에게 추가로 든다고 가정하자. 즉, 지금까지의 제품으로 고객에게 발생하는 전체 비용은 총 70만 엔이라고 하자.

〈도표 4-12〉 **EVC 사고방식의 예**

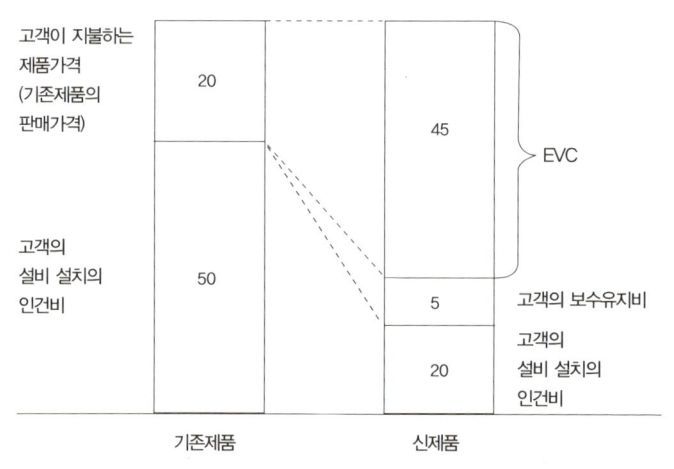

이에 비해서, 신제품의 경우에는 20만 엔으로 해결된다. 다만, 패키지화되어 있기 때문에 패키지용의 카트리지를 이용하여 보수·유지를 해야 하므로, 5만 엔의 추가비용이 든다. 즉 신제품을 사용함으로써 제품의 가격 이외에 고객 측에 발생하는 비용은 25만 엔이 된다. 이 비용과 전체비용 70만 엔과의 차액 45만 엔이 EVC(고객경제가치)이다. 물론 신제품 자체의 가격이 이에 덧붙여서 발생하므로, 그 가격을 다시 뺀 가격이 실질 EVC[순(純) 고객경제가치]가 된다.

그러면 신제품의 가격은 어떻게 설정하면 좋을까?

〈도표 4-13〉이 그 기본적인 사고방식의 예이다. 앞서의 예를 동일하게 사용하고 있다. 현재 EVC가 45만 엔이라고 하고 그 신제품을

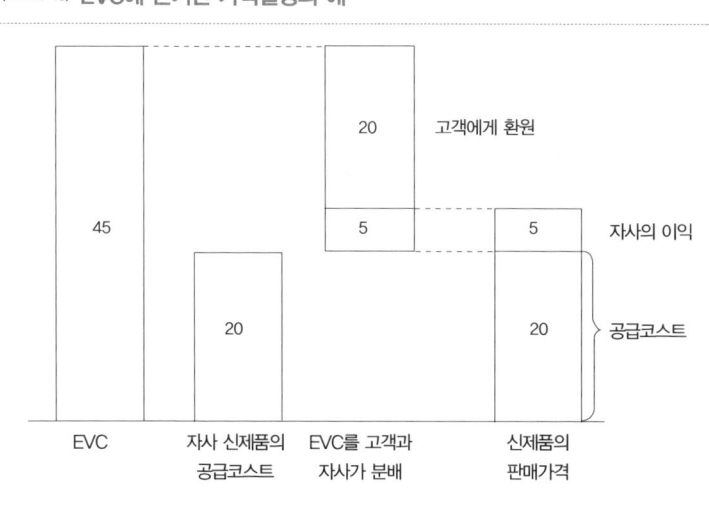

〈도표 4-13〉 **EVC에 근거한 가격설정의 예**

공급하기 위한 자사의 비용을 20만 엔이라고 하자. 그러면 45만 엔과 20만 엔의 차액인 25만 엔이 종래의 제품과 비교한 EVC의 최고 순증가분이다. 이것을 고객과 자사 사이에 분배하면 되는 것이다. 이 경우에는 20만 엔을 고객에게 환원하고 5만 엔을 자사에서 취하고 있다. 즉 신제품의 가격은 25만 엔(20만 엔이 비용, 5만 엔이 자사의 이익)이 된다. 고객은 25만 엔에 신제품을 구매하여 고객 스스로 다시금 25만 엔의 보수·유지 및 설치 비용을 지불하므로 총 50만 엔의 비용이 든다. 단지, 종래의 제품과 비교하여 20만 엔의 메리트(EVC 순증가분)를 향유하게 된다.

자사로서도(이익률이 동일하다고 하면) 종래 제품은 20만 엔의 매출에 4만 엔의 이익을 올렸던 것에 비해, 신제품은 25만 엔의 매출에 5만 엔의 이익을 올리게 된다. 더욱이 보수·유지용 카트리지 5만 엔도 자사가 공급할 수 있다면 그 만큼 매출·이익에 공헌하게 된다.

EVC의 의미와 사용법

이 예로부터도 알 수 있듯이, EVC는 특정 제품·서비스의 시장가격이나, 고객과는 독립된 제3자에 의한 절대적인 가치평가를 제시하고 있는 것은 아니다. EVC가 나타내고 있는 것은 특정 고객에게 있어서 인식되는 '상대적 가치'이다.

이것은 다음과 같은 EVC의 의미와 사용방식을 시사하고 있다.

- EVC가 나타내는 '상대적 가치'란 자사의 제품·서비스에 대해서, 기존의 제품·서비스와 비교했을 때의 가치 또는 경쟁제품·대체품과 비교했을 때의 가치이다. 어디까지나 그러한 것과 비교했을 때의 '차이' 만큼으로 표현한다. 즉, 고객의 관점에서 본 일종의 '대체품 벤치마킹'이다.

- EVC는 제품·서비스의 일반적인 '시장가치'를 나타내고 있는 것은 아니다. EVC가 나타내고 있는 것은 특정 고객에게 있어서의 사용상의 가치, 고객의 중요도나 니즈에 근거하여 실제로 용인되는 가치이다. 따라서 고객이 누구인가, 그 고객이 그 제품을 어떻게 사용하는가, 어떤 제품과 비교하는가 등에 따라서 EVC는 변한다.

- EVC는 제품·서비스의 '마땅한 가격수준'을 나타내고 있는 것도 아니다. EVC는 특정 고객이 지불해도 좋다고 생각할 것이라는 최고의 가격수준을 시사하고 있다. 실제로는 이 최고가격을 고객에게 청구하는 것이 아니라 일부는 가격에서 제하여 가치의 일부를 고객에게 환원함으로써 '에누리하는 기분'을 통해 고객을 구매에 유도할 필요가 있다.

- EVC가 가장 위력을 발휘하는 것은 가치진단이다. 특정의 고객이 실제로 인식하고 있는 가치나 대체품·경쟁제품 등의 가치에 대해서, 자사의 제품·서비스는 올바르게 가격설정이 되어 있는가, 지나치게 비싸지는 않은가, 반대로 너무 싸게 팔고

- EVC 분석이 어려워지는 것은, 고객이 제품·서비스의 구입에 관하여 물건의 실질적인 부분보다도 공급업체의 브랜드력이나 국적 등 눈에 보이지 않는 부분을 크게 평가하고 있는 경우이다. 이러한 경우에는 EVC 평가가 반드시 고객이 인식하는 평가를 충분하게 반영하지 못할 수도 있으므로 주의해야만 한다.

DMU

조직의 의사결정을 분석

DMU는 Decision Making Unit의 약자로, 의사결정주체 또는 의사결정단위로 번역한다. 고객의 조직 안에서 의사결정에 관여하는 핵심인물이나 조직단위를 일컫는 말이지만, 고객의 의사결정구조를 깊이 이해하는 방법으로써 사용되기도 한다.

기업을 포함한 법인대상의 사업이 소비재와 크게 다른 점은, 당연한 얘기지만 고객이 조직이라는 점이다. 고객은 기업, 정부기관, 학교, 병원, 각종 단체, NPO나 NGO와 같은 비영리기관 등 모두 조직체이다. 고객이 조직이라는 것은 구매의 의사결정도 조직에서 이루어진다는 말이다. 구매에 관해서는 금액의 크고 작음에 관계없이 사장이 전부 결정하는 회사도 있지만, 일정규모 이상의 조직인 경우 구매의 의사결정에는 보통 복수의 부문이나 다양한 계층·직종의 사람이 관여하게 된다. 따라서 소비재와 비교하여 의사결정의 주체가 복잡해진다.

동시에 의사결정의 과정도 복잡하다. 다양한 DMU, 즉 경영자를 비롯해 구매부문, 개발부문, 경리부문 등에 있는 사람들이 결정에 관여할 뿐만 아니라, 각각이 상이한 결정기준으로 판단하게 된다. 게다가 각각이 의견을 말하기는 하지만, 그러한 의견의 비중 역시 권한이나 관계 부문 간의 상호작용 등에 의해서 변하기 때문에 매우 복잡해진다.

〈도표 4-14〉는 대기업을 대상으로 한 사무실용 복사기 판매의 예로서, DMU가 다름을 소개하고 있다. 예를 들면, 대기업에서 복사기를 구매하는 경우 DMU로서는 총무부장, 총무부의 담당자, 유저1(서류의 작성자 또는 복사한 서류의 사용자), 유저2(실제로 복사를 하는 사무보조직) 등이 관여하게 된다.

또한 DMU에 따라서 의사결정의 기준이 상이하다. 예를 들어, 총무부장이면 복사기의 초기비용, 보수·유지 비용, 영업사원의 상품설명능력 등이 판단기준이 된다. 총무부의 담당자에게 있어서는 복사기가 사무실 안에서 차지하는 공간의 넓고 좁음이나 도입 후에 유저로부터 총무부에 대한 클레임이 없을 것, 또는 그 리스크가 비교적 적을 것 등이 된다. 유저1은 복사의 선명도나 칼라복사의 가능

〈도표 4-14〉 **고객의 DMU를 이해한다**

예) 복사기

DMU와 프로세스	DMU의 비중	DMU의 판단기준	허용량
총무부장	∨∨∨	• 초기비용 • 유지/보수비용 • 영업사원의 상품설명능력 ⋮	〈 △△만 엔 〈 △△만 엔/월
↓			
총무부 담당자	∨∨∨	• 공간의 점유도 • 유저로부터의 클레임빈도	〈 △△평방미터 〈 △△회/월
↓			
유저1 (서류작성자, 복사한 종이의 사용자)	∨∨	• 선명도 ⋮	⋮
↓			
유저2 (실제로 복사를 하는 사무보조직)	∨	• 속도 • 종이 걸림의 빈도 • 조작의 용이성 ⋮	⋮

성 유무 등이 판단기준일 것이다. 유저2에게는 복사속도, 종이 걸림의 빈도, 조작의 용이성, 소음, 분류의 용이성 등이 평가기준일 것이다.

다만, DMU 각각의 의견은 의사결정에 있어서 중요도가 상이하다. 일반적으로는 총부부장〉총무부 담당자〉유저1〉유저2의 순이다. 또한 DMU별로 어느 정도 범위면 문제가 되지 않는다는 평가의 허용범위가 있다. 이 범위 안에서라면 다소의 차이가 있어도 수용 가능하다. 따라서 영업하는 측은 이러한 순서나 허용치를 의식하면서 제안할 필요가 있다.

DMU 맵 작성법

이러한 DMU를 고객별로 정리한 것이 고객의 DMU 맵이다. 〈도표 4-15〉가 그 예이다. 고객의 어느 부문의 누가 의사결정에 관여하고 있는가, 어떤 순서로 관여하고 있는가, 각각의 DMU의 평가·판단의 기준은 무엇인가 등을 프로세스 차트에 기입한 것이다.

참고로 고객에 따라서는 예산·결산의 사이클이 있어서 이 사이클 안에서 움직이지 않으면, 그 도중에 아무리 공세를 취해도 움직이지 않는 경우도 있다. 예를 들어 관공서가 대상이라면, 대체로 언제쯤 예비의 조사예산을 따는지, 언제쯤 본격적인 조달예산을 따는지, 언제쯤 거래 사양서를 발행하여 언제쯤 입찰에 임하는지 등이 어느 정도 정해져 있다. 이 시기를 놓치면 모처럼의 노력도 물거품이 되어버리므로 DMU 맵 안에 정확하게 기입해 둘 필요가 있다.

맵의 작성법을 다음 페이지에 소개하고 있다. 모든 고객을 대상으로 맵을 작성하게 되면 엄청난 작업이 되므로, 처음에는 고객 타깃팅에 의해 중요한 타깃고객을 선택하여 그 조직에 관해서 준비하도록 하자.

우선, 지금 보유한 정보를 가지고 맵의 시안을 작성한다. 당연히 모르는 부분이나 애매한 부분이 있겠지만, 그러한 부분은 가설로서 잠정적으로 상정해도 된다. 그 DMU 맵의 시안(가설)에 기초하여 그

⟨도표 4-15⟩ **고객의 DMU 맵의 작성**

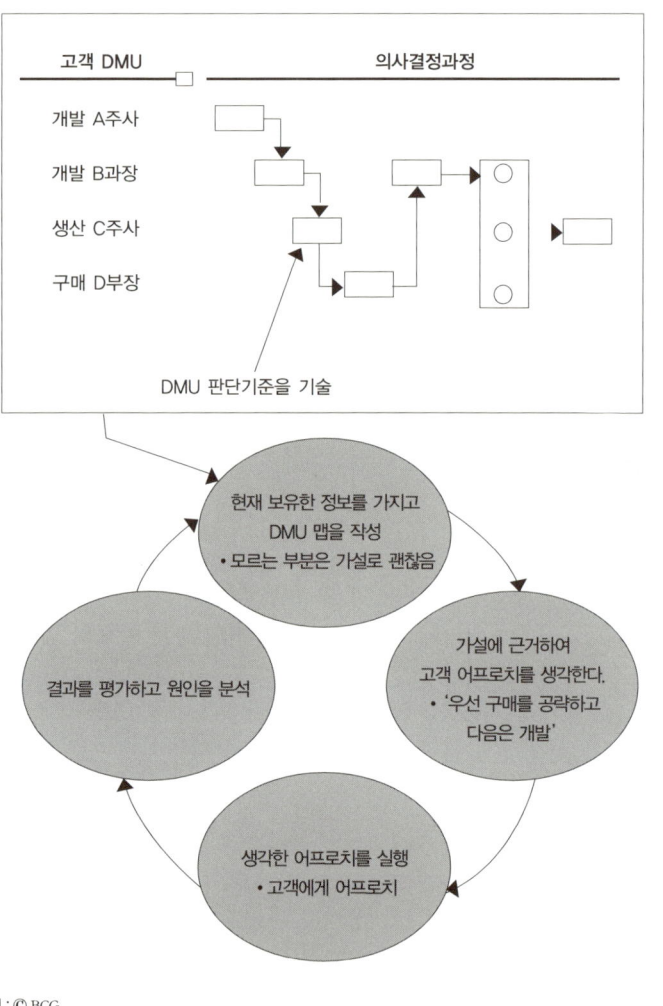

출처 : ⓒ BCG

고객을 공략할 때의 접근방안을 생각한다. 예를 들면, 우선 구매의 ○○씨를 공략하고, 다음으로 개발의 △△씨를 공략한다는 식이다. 그리고 실제로 그 접근방안대로 고객에게 영업을 해본다. 당연히 사전의 가설대로 바람직하게 진행되는 부분과, 가설과 달리 바람직하게 진행되지 않는 부분이 있을 것이다. 어찌 됐든 그 결과를 평가하여 어디가 어떻게 달랐는지를 분석하고 그 결과를 다시 DMU 맵에 반영시킨다.

이러한 사이클을 몇 번이고 반복하면서 가능한 한 단시간 내에 DMU 맵을 실태에 가까운 형태까지 완성해 가는 것이다. 더불어 인사이동이나 구매방식의 변경 등을 적시에 맵에 반영시키는 것은 말할 필요도 없다.

이상, 고객에 대한 깊이 있는 이해, 특히 진정한 니즈의 이해, 고객에게 있어서의 경제가치의 이해, 그리고 의사결정구조의 이해에 관해서 그 방법을 소개하였다. 모두 간단한 방법이므로 시도해보기를 바란다. 그러나 실제로 사용할 수 있게 되기까지는 어느 정도 시간을 들여 반복하여 숙달할 필요가 있다. 고객의 진정한 모습이 보일 때까지 만족하지 말고 한결같이 고집스럽게 시도해보기 바란다.

THE BCG WAY

제 5 장

거래관계를 재구축한다
고객 접근방법

THE ART OF BUSINESS MARKETING

The BCG Way
The Art of Business Marketing

　이번 장에서는 고객에게 어떠한 방식으로 접근해갈지, 즉 영업의 새로운 스타일이나 체제에 관해서 생각해보고자 한다. 앞장에서 고객을 어떻게 깊이 있게 이해할 것인가에 대한 방법을 소개하였는데, 타깃팅이나 커스터머 디스커버리를 통해 명확해진 전략을 실현하기 위한 힌트로써 다음과 같은 고객접근방법을 소개한다.

1 미션별 영업사원 : 고객에 따라서 다양한 영업사원을 배치한다.
2 팀구성 : 팀을 만들어 조직화하여 공략한다.
3 협력 : 고객과의 공동관계를 구축한다.
4 영업생산성을 향상시킨다.

[방법 1] 미션별 영업사원
다양한 영업사원을 배치한다

　미션별 영업사원이란, 고객 세그먼트에 맞추어 서로 다른 여러 타입의 영업사원을 육성·배치함으로써 목적을 명확하게 수립하여 고객에게 대응하게 하는 것을 말한다. 미션이란 영업사원에게 주어진 역할, 임무를 말한다. 고객의 진정한 니즈나 자사에 있어서의 중요도에 따라 고객을 취사선택하여 고객별로 공략법을 달리하는 방법은 이미 소개하였다. 거기에 맞춰서 영업사원도 고객 세그먼트별로 나누어서 운영하는 어프로치이다.

　[사례] 네 가지 타입의 영업사원을 배치하는 회사

　〈도표 5-1〉을 참고하기 바란다. 이것은 제4장에서 소개한 기계 업체 G사의 고객 세그먼테이션이다. 여기에서는 고객 세그먼트별

로 필요한 판매채널, 영업 어프로치, 그리고 영업사원 타입을 제시하고 있다.

이 회사가 고객을 규모에 따라 세 개의 세그먼트로 나누어 관리하고 있다는 것은 이미 언급하였다. 즉 대형고객은 신제품개발의 파트너나 광고탑으로서 평가하여 거래하고, 중견고객에게서 착실하게 이익을 내는 작전을 취하고 있으며, 소규모 고객은 이익을 낼 수 있는 곳만 선택하여 손해를 보지 않도록 효율화하여 대응하고 있다.

〈도표 5-1〉 **고객 세그먼트별 판매채널 및 영업사원**

예) 기계업체 G사

고객 세그먼트	판매채널	영업 어프로치	영업사원 타입
대형고객	직판	고객 안으로 파고들어, 고객의 제품경쟁력을 향상시키기 위한 제품을 고객과 공동으로 개발.	개발영업사원
중견고객	직판	대형고객용으로 개발한 제품을 표준화하여, 이 표준품으로 교묘하게 유도하여 판매.	표준품 유도 영업사원
중소고객	대리점·통신판매	표준품의 저비용 유통화.	특약점 관리사원 / 통신판매 기획사원

출처 : ⓒ BCG

이러한 평가에 맞추어서 대형·중견 고객은 자사영업팀의 직영으로, 소규모 고객은 특약점이나 통신판매를 이용한 간접판매라는 채널을 선택하고 있다. 이러한 세그먼테이션과 영업방침에 맞춰서 이 회사는 네 개 타입의 영업사원을 배치하고 있다.

A. 개발영업사원 | 대형고객 속으로 깊숙이 들어가서, 고객의 제품경쟁력을 높이기 위한 제품·서비스를 고객과 공동으로 개발해가는 임무를 맡은 영업사원이다. 기본적으로는 기술적인 백그라운드를 지닌 인재로서, 대부분의 경우 영업적인 센스를 지닌 기술자가 여기에 해당한다. 이러한 인재가 없으면 영업과 기술 각각의 담당이 2인3각으로 대응한다.

고객의 요청에 부응하여 고객의 구매창구뿐만 아니라, 설계부문, 연구개발부문, 제조부문 등 관련부문을 폭넓게 자주 방문한다. 또한 고객의 니즈와 최대한 합치하는 특주품 타입의 제품을 개발·판매하거나 고객과의 장기적인 협력관계를 구축하는 것이 주요한 역할이다.

B. 표준품 유도 영업사원 | 이 영업사원의 임무는 대형고객과 공동개발한 특주품을 기초로하여, 보다 가격이 저렴하면서 표준화·준표준화한 제품·서비스로 중견고객을 유도하여 구매하도록 하는 것이다. 중견고객도 대형고객과 마찬가지로 자사 전용의 특주품을 희망하지만, 일일이 특주품으로 대응하더라도 추가 비용이나 가격을 지불해주지 않는다. 따라서 가능한 한 표준품의 채용을 촉진시킬

필요가 있다.

이 영업사원은 대형고객의 사용실적이나, 표준품 사용에 따른 비용·납기 측면 등의 메리트를 소구하여 표준품으로 고객을 유도한다. 때로는 표준품을 채용함으로써 고객의 제품사양이나 가공공정을 변경해야하는 경우도 발생하지만, 그런 경우에는 필요에 따라 기술부문에 지원을 요청하여 고객에게 기술적인 어드바이스를 제공한다.

기본적으로 개발영업사원만큼 기술적인 백그라운드는 필요하지 않으므로 사무직 출신자로도 대응이 가능하다. 이 영업사원의 경우 고객이 채용을 하도록 하기 위해서 처음에는 적극적으로 방문영업을 하지만, 일단 채용이 이루어지면 관계유지나 제품의 모델변경 등을 위해서 연간 몇 회 정도 정기적인 방문을 하게 된다.

C. 특약점 관리사원 | 소규모 고객에 대한 유통은 기본적으로 특약점을 이용하여 실시하며, 직접 자사의 영업사원이 방문하는 일은 없다. 이 특약점 관리사원은 이름 그대로 특약점의 선별·관리 등이 기본임무다. 특약점에 대한 인센티브나 기술, 수·발주, 채권·채무 관리, 자금원조 등의 지원책도 담당한다.

경우에 따라서는 특약점 경영자에 대해서 특약점 자체의 경영에 관한 상담이나 지원책의 검토 등도 수행한다. 따라서 영업이라고는 하지만 경영관리나 관리회계 등에도 어느 정도 정통한 인재가 적당하다.

D. 통신판매 기획사원 | G사는 인터넷 등을 통한 제품의 통신판매를 하고 있다. 이 영업사원은 그 판매체제의 기획이나 관리가 임무다. 고객을 직접 방문하는 일은 없고, 카탈로그를 작성하거나 인터넷 상에서 수·발주를 수행한다. 제품의 납입이나 판매대금의 회수는 아웃소싱을 하고 있으므로, 그러한 시스템의 기획이나 관리·갱신 등이 기본적인 임무가 된다.

또한 통신판매 고객의 니즈를 수렴하여 제품개발에 반영시키거나, 고객의 특수한 니즈를 세미커스터마이즈 제품으로 공급할 수 있는 체제를 만드는 역할도 맡고 있다. 타입으로 보면 영업사원보다는 사업개발이나 매스·마케팅 기획 분야에 정통한 인재가 적합하다.

[사례] KAM이 관계영업을 담당하는 에너지 회사

또 한 가지 미션별 영업사원의 예를 들어보자. 전력이나 가스를 판매하고 있는 에너지회사의 예이다. 〈도표 5-2〉는 H사의 고객 세그먼테이션과 세그먼트별 영업방침이다.

전력이나 가스 등은 상품자체에 그다지 차이가 없는 커머디티 상품이므로 고객 세그먼트는 없다고 생각할지도 모르겠다. 그러나 실제로는 에너지 사용량이나 사용패턴, 품질·가격에 대한 니즈, 규제·비규제 등의 조건 등에 의해 의외로 많은 세그먼트로 나뉜다. 여기서는 대형 산업용·업무용 고객, 중소 업무용·기타 산업용 등의 고객, 일반거주자(가정용) 등으로 분류하고 있다. 각각의 고객의

<도표 5-2> **상이한 고객 세그먼트에 적합한 상이한 영업사원**

예) 에너지회사 H사

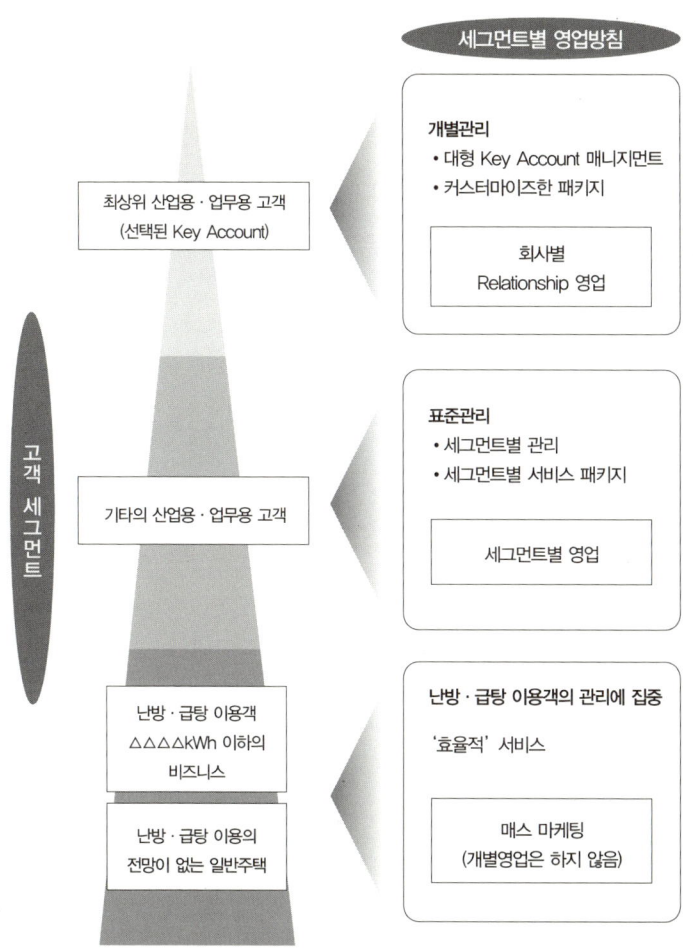

출처 : ⓒ BCG

중요도와 공략방법은 도표를 참조하기 바란다.

대형 산업용·업무용 고객이 가장 중요하며, 그에 대해서 '릴레이션십(Relationship) 영업'을 취하고 있다. 릴레이션십 영업이라 하면, 고객별 전임 혹은 몇 개 회사를 겸임하는 영업사원을 두고 한 회사마다 세심한 곳까지 배려를 하도록 관리하는 방식이다. 이러한 영업사원을 키 어카운트 매니저(Key Account Manager; KAM)라고 한다. 또한 이 세그먼트에 속한 고객은 한꺼번에 일률적으로 다루는 것이 아니라 회사별로 개별대응을 한다.

한가운데 있는 중소 업무용 고객에 대해서는 회사별로 전임의 영업사원을 두지는 않지만, 세그먼트별로 담당 영업사원을 두어 세그먼트별로 표준화된 패키지를 판매한다. 가장 밑에 있는 가정용 세그먼트는 영업사원을 두지 않고 콜센터 등의 매스 마케팅으로 대응한다.

〈도표 5-3〉은 그 중에서 KAM의 역할을 소개하고 있다. 한 회사별로 전임 또는 겸임의 KAM이 있어서, 마치 기계업체 G사의 개발영업사원처럼 개별고객의 다양한 니즈에 밀착해서 대응하는 영업사원이다. 도표를 보면 알 수 있듯이, 앞서 소개하였던 딥 커스터머 디스커버리, EVC, DMU 맵 등의 방법을 총동원하여 고객의 최대만족을 추구하는 역할을 맡고 있다.

전력이나 가스 회사 등은 종래에는 규제로 보호받아 별도의 영업을 하지 않고도 전력이나 가스를 판매해 왔지만, 시장이 자유화되

<도표 5-3> **대형 KAM의 업무내용**

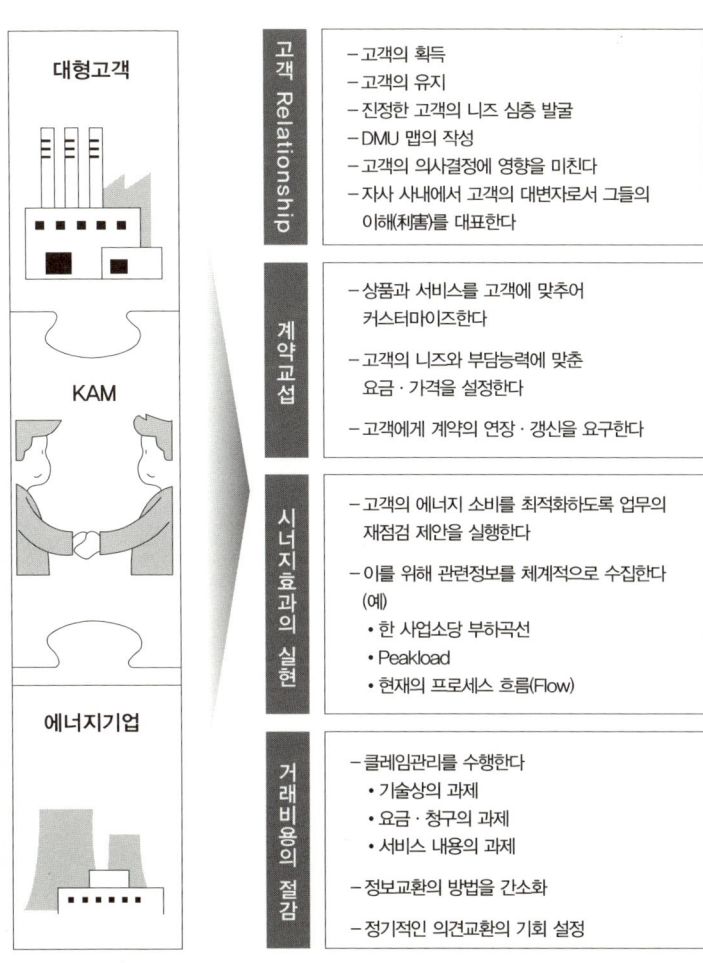

출처 : ⓒ BCG

어 경쟁이 도입된 이후 이러한 새로운 영업방식이나 영업사원을 조속히 육성·배치하는 일을 현재 시급하게 현재 모색 중이다.

[방법 2] 팀구성
팀을 짜서 조직화하여 공략한다

앞서 언급한 개발영업사원이나 KAM처럼 주요 고객의 내부에 침투하여 고객의 진정한 니즈를 이해하고, 니즈의 해결을 위한 대체안을 검토하여 제안하는 영업을 '솔루션(Solution) 영업'이라고 한다. 현재 다양한 업계에서 솔루션 영업을 표방하고 있는 기업이 많은데, 좀처럼 실현하지 못하는 것이 실태이다.

혼자서 모든 것을 할 수 있는 사원은 없다

그 최대 이유는 솔루션 영업을 혼자서 수행할 수 있는 슈퍼 영업사원은 없기 때문이다. 솔루션 영업이 직면하는 장벽 중 하나가 '생생한 업계지식의 장벽'이다. 〈도표 5-4〉를 참고하기 바란다. 여기에서는 IT 솔루션 영업의 과제를 소개하고 있다.

　IT 영업사원이 새로운 업계의 담당이 되었다고 하자. 그는 우선 고객이 업계에서 사용하고 있는 '용어나 기초지식의 장벽'에 부딪친다. 고객이 하고 있는 말을 종잡을 수가 없다. 무언가를 이야기하면 바보 취급하는 듯한 차가운 시선을 받고, 자사의 신용에 상처를 입히지 않으려고 하면 고객 앞에서 한 마디도 못하고 방긋거릴 수밖에 없다.

　다음에 이어지는 것이 '업계통의 장벽'이다. 어느 정도 고객이 말하는 것을 이해할 수 있게 되었다 하더라도 영업이 가능하지는 않다. 그 세계의 프로인 고객은 "과연 흥미롭군" 하고 감탄할 정도가 되지

〈도표 5-4〉 **생생한 업계지식의 장벽**

예) IT 솔루션 영업

"○○업계는 미지의 세계. 정말 할 수 있을까?"
"죄송합니다. 무엇을 말해야 좋을 지조차 모르겠습니다."

→ 이해한다 →

프로인 고객에게 사용할 현장감 있는 세일즈 토크가 떠오르지 않는다.
• 타사 사례
• 호평을 받는 요점
'생생한 에피소드'의 흡수가 필요

→ 업계통이 된다

않으면 돈을 지불할 리가 없다. 특히 교과서적인 내용이 아니라 실제로 그 문제를 숙지하고 있다든지 과거에 해결한 적이 있다는 것을 알리기 위해, 현장감 넘치는 사례나 호평을 얻을 수 있는 핵심 노하우 등의 많은 '생생한 에피소드'를 보유하고 있지 않으면 고객은 이쪽을 프로로서 인정해 주지 않는다. 이러한 장벽은 혼자서는 좀처럼 넘기 어렵다.

아직도 난관이 있다. '다단계 세일즈 스킬의 장벽'이다. 〈도표 5-5〉를 참고하기 바란다. 예를 들면, IT 솔루션 영업의 예에서는 영업의 단계별로 상이한 세일즈 스킬이 필요하다. 우선 관계를 구축하여 고객의 조직 내에 침투하기 위한 스킬이다. 이것은 DMU를 이해하고 그

〈도표 5-5〉 **다단계 세일즈 스킬의 장벽**

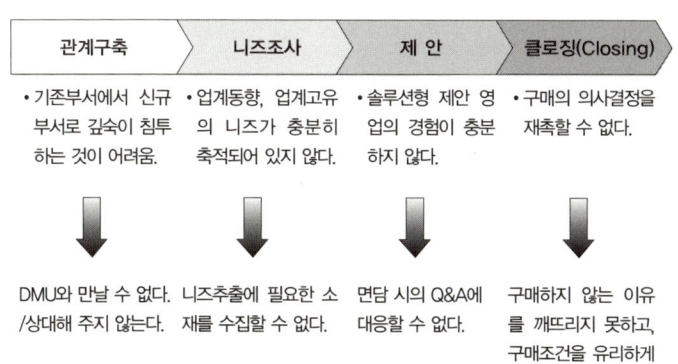

DMU와 만나서 자사의 제품·서비스를 설명할 수 있도록 그러한 관계를 구축하는 스킬이다. 대개 지금까지 관계가 없었던 곳의 DMU를 만나는 것은 대단히 어려운 일이다.

다음으로 니즈 조사의 스킬이다. 이것은 앞장에서 언급하였던 표면적인 니즈로부터 파고 들어가 진정한 니즈를 규명해내는 스킬이다. 고객기업의 경영과제나 표면에서는 보이지 않는 과제에 관해서 가설을 세우고, 그것을 고객과의 상호작용을 통하여 자연스럽게 확인하는 스킬이다.

나아가서 솔루션을 제안하는 스킬이 있다. 프레젠테이션뿐만 아니라 고객과의 혹독한 질의응답이나 토의에 대응하여 고객을 감탄시키거나, 자사의 제안 또는 솔루션 능력에 흥미를 갖게 하는 스킬이다.

마지막으로 클로징(Closing)이다. 이것은 사고자하는 마음을 갖게 된 고객을 실제로 의사결정이나 계약까지 연결시키는 스킬이다. 고객은 실제로 구매단계가 되면 머뭇거리거나 조건을 끌어올리려고 하며, 그대로는 좀처럼 최종결정을 내리지 않기 마련이다. 어디에서 망설이고 있는지를 파악하여, 밀고 당기며 커다란 양보 없이 계약까지 이끌고 가는 스킬은 숙련된 영업사원이라도 상당히 어려운 부분이다. 이러한 다양한 스킬을 혼자서 자유자재로 구사하기란 매우 힘들다.

이러한 솔루션 영업의 장벽을 정리한 것이 〈도표 5-6〉이다. 업계지식이나 세일즈 스킬과 아울러 자사의 제품·서비스를 고객의 니즈에 맞추어 선택하거나 커스터마이즈하고, 고객을 유도하는 스

〈도표 5-6〉 **솔루션 영업의 과제**

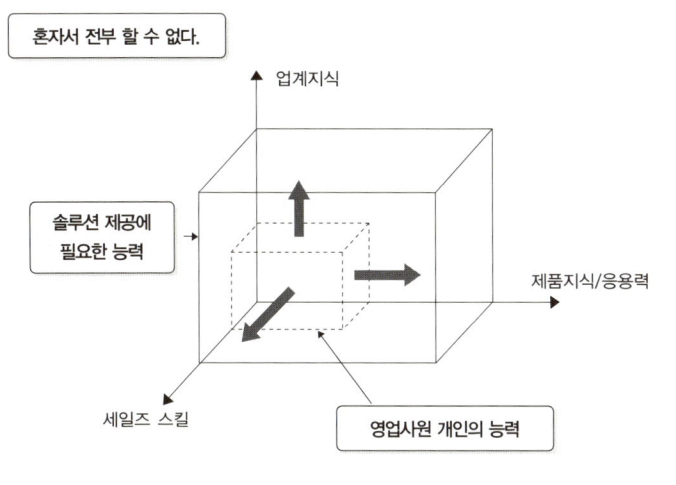

킬도 요구되고 있다. 내측의 점선으로 된 박스가 개개 영업사원의 능력(Capability) 레벨, 외측의 실선 박스가 고객에게 솔루션을 제공하는 데 필요한 능력(Capability) 레벨로 이 양자 사이에 커다란 갭이 있다. 업계나 고객에 따라 다르기는 하지만, 이 갭을 개개의 영업사원 한 사람이 메우는 것은 일반적으로 지극히 어렵다.

전문가 집단을 구성해 대응

이렇게 혼자서 할 수 없는 부분을 커버하는 체제와 시스템이 '팀구성(Teaming)'이다. 팀구성이라는 것은 복수의 상이한 능력·스킬을 지닌 프로들이 팀을 짜서 고객에게 조직적으로 솔루션을 제공하려고 하는 생각이다.

이 팀구성의 포인트는 다음의 세 가지이다.

- 솔루션 제공을 위한 다양한 스킬을 정리하여 몇 가지 타입으로 나누고, 그 타입별로 전문 특화한 인재를 육성·확보한다. 솔루션을 구성하는 다양한 분야의 전문가, 스페셜리스트를 갖추는 것이다.
- 고객에게 솔루션을 제공하는 각 단계에 있어서, 이렇듯 다른 분야의 전문가가 팀을 짜서 담당분야를 정한 뒤 서로 협동하여 고객에게 서비스를 제공한다.
- 이 팀은 기간이 한정된 팀이다. 임무를 완수하면 팀은 해산하고, 다시 다른 솔루션 안건으로 각각 흩어져 옮겨간다.

팀구성을 '은행갱단 방식'이라고도 한다. 은행갱단에는 우선 두목이 필요하다. 두목은 목표로 하는 금고의 선정, 습격작전 수립, 멤버 모집, 습격작전의 현장지휘, 마지막으로 노획물의 분배 등을 한다. 멤버로서는 각 분야의 프로들을 모아야 한다. 습격 시에 호위를 무력화시키는 프로나, 호위 등의 주의를 끌 미끼역할의 프로가 필요하다. 금고실까지의 터널을 뚫는 기술자나 엔지니어도 필요하다.

물론 금고따기의 프로도 필요하다. 보안의 전자화에 대응하기 위한 전자공학의 프로도 필요하다. 또한 도주를 위한 프로 드라이버, 강탈한 물건을 꼬리가 잡히지 않도록 '세탁'하는 돈세탁의 프로 역시 필요하다. 그리고 임무가 종료되면 노획물을 분배하여 팀은 해산하고 멤버는 뿔뿔이 흩어진다. 영화팬이라면 기억하고 있겠지만, 〈오션스 일레븐〉이라는 헐리웃 영화가 있다. 다양한 능력을 지닌 프로가 모여서 카지노의 금고를 터는 영화이다. 영화를 보면 팀구성의 이미지를 파악할 수 있을 것이다.

〈도표 5-7〉은 IBM의 클라이언트 솔루션 팀구성의 예이다. IBM은 인재를 다양한 전문가로 나누고 있다. 고객 전문가로서, 고객과

〈도표 5-7〉 **팀구성** ①

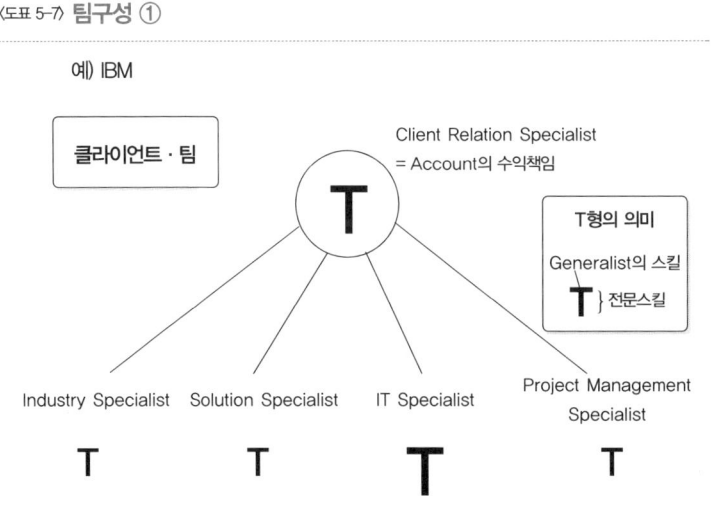

의 관계를 구축·유지하거나 상담 프로세스 및 매니지먼트 등을 담당하는 '클라이언트 릴레이션 스페셜리스트(Client Relation Specialist)', 고객의 업계에 정통한 '인더스트리 스페셜리스트(Industry Specialist)', 고객의 니즈에 입각하여 정보시스템이나 시스템화 전략 등의 프로젝트를 제안하는 'IT 스페셜리스트(IT Specialist)', 이러한 IT 프로젝트의 매니지먼트를 수행하는 '프로젝트 매니지먼트 스페셜리스트(Project Management Specialist)' 등이 있다. 이러한 각 분야의 전문가들이 모여서 팀을 이루고 고객에게 솔루션을 제공하는 것이다.

　인재의 타입을 살펴볼 때는 T자 형태를 자주 사용한다. T자의 가로축은 이른바 제너럴리스트적인 스킬, T자의 세로축은 특정분야의 전문스킬이다. IBM의 인재는 모두 각각의 분야에서 전문 특화된 T자의 세로축이 긴 인재인 것을 알 수 있다. 〈도표 5-8〉은 IBM의 각각의 전문가들이 고객과의 상담의 어느 단계에서 팀에 관여하고, 어떤 분담업무를 수행하고 있는가를 나타내고 있다. 클라이언트 릴레이션 스페셜리스트 외에는 일정 프로젝트가 완료되면, 그 고객으로부터 벗어나서 다른 고객의 다른 프로젝트로 이동해간다.

전문가를 모으는 것만으로는 불충분

　이러한 팀구성을 통해 '혼자서는 할 수 없는' 과제를 극복하여

<도표 5-8> **팀구성 ②**

예) IBM

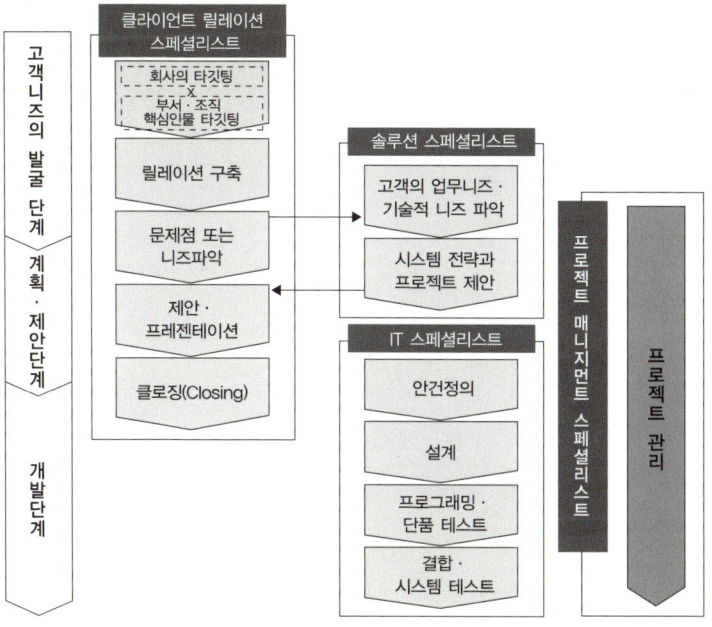

출처: ⓒ BCG

고객에게 큰 가치를 제공할 수 있게 된다. 다만, 팀구성은 인재를 갖추는 것만으로는 불충분하고 여러 가지 보완적인 체제가 없으면 좀처럼 기능을 하지 않는다.

첫 번째, 전문성을 담보할 수 있는 조직형태가 필요하다. 예를 들면, IT업계 등에서는 고객의 업종별 전문지식이나 노하우를 축적

할 수 있도록, 금융·유통·제조업·관공서·의료 등 고객의 업종별로 조직을 만들어 각각에 인재를 두고 업종별 전문가로 육성·유지하고 있는 기업이 많다.

마찬가지로, 특정의 제품·서비스 분야 전문가나 인사·경리·재무·생산관리·물류 등의 특정 업무기능의 전문가를 보유하기 위하여 그러한 전문분야별로 조직을 만들어 인재를 두고 있는 기업도 있다.

두 번째, 전문성을 지원하는 체제가 필요하다. 이는 크게 두 가지로 나눌 수 있다.

하나는, 방법의 축적·정형화이다. 과거 그 분야에서의 다양한 경험을 기초로 솔루션 제공에 유효한 방법론을 정리·분류하여, 언제든지 필요한 때에 꺼낼 쓸 수 있도록 표준적인 툴로써 준비해 둔다. 예를 들어, IBM에서는 이러한 실제 프로젝트의 라이브러리나 데이터베이스에 덧붙여서 DOA, CSS, OO 등으로 부르는 표준방법이나 템플리트, 개발가이드 등의 매뉴얼이나 가이드 북, 개발모듈(정형부품) 등을 마련해 팀을 지원하고 있다.

또 하나는 전문가의 네트워크이다. 전문가의 전문성을 단련하기 위해서는 전문가끼리의 절차탁마가 불가결하다. 필요할 때에 곧바로 어드바이스를 제공하거나 항상 최신의 성공·실패 체험을 공유하는 생동하는 네트워크가, 속인적인 노하우 독점으로부터 조직적인 노하우 공유·축적으로 가는 열쇠라고 할 수 있다. 또한 새롭게 들어온 전문가 신인후보를 '선배·제자'의 도제제도적인 관계 안에서 OJT(on-the-job training)에 의해 단련시켜가는 인재육성 방식도 불가결하다.

세 번째, 전문화를 지원하는 인사·실적 제도가 필요하다.

종래의 인사제도는 제너럴리스트형의 관리직 처우에 편중하였기 때문에, 전문성이 높은 인재는 그러한 관리직의 커리어로부터 벗어난 사람이 되어 어디까지나 '비주류' 취급을 받았다. 이래서는 전문가가 자라나지 않는다. 전문가가 팀구성을 하여 업무를 수행하게 되면, 전문가로서의 성장이나 커리어 패스(Career path)를 조성하는 인사제도가 필요하다. 그 분야의 업계에서 굴지의 전문가가 된 인재에게는 경영간부로서의 처우를 부여하는 것도 필요하다.

또한 많은 기업의 실적평가는 개인이 속한 부문과 개인의 실적을 평가대상으로 하고 있으므로 한정된 기간에 수행되는 프로젝트팀의 평가는 충분히 이루어지지 않고 있다. 크로스 펑션(Cross Function)형의 팀구성을 장려하려면 팀 단위의 실적평가를 채택하여, 그 팀에 대한 각 멤버의 공헌도를 측정하고 그에 대한 보너스를 지급하는 등의 체계를 도입할 필요가 있다.

[방법 3] 콜라보레이션
고객과 함께 일하는 관계를 구축

　콜라보레이션(Collaboration)이란 협동의 의미이다. 고객의 구매방식 진화에 대응하여, 고객과 공동으로 다양한 업무를 수행하는 환경을 구축함으로써 제품·서비스가 장기적이고 안정적으로 고객에게 판매될 수 있도록 하는 어프로치이다.

　일본기업은 종래에 '기업계열'이라는 방식으로 이것을 실현해 왔는데, '계열'이라는 폐쇄적이고 외부에는 불투명한 관계가 아니라, 글로벌 기업이 서로의 강점을 가지고 합리적이고 개방적인 협동관계를 구축한다는 점이 '계열'과 '콜라보레이션'의 커다란 차이점이다.

진화해가는 구매방식

〈도표 5-9〉는 세계 일류기업에 있어서 80년대 이후의 구매방식 진화를 모형화해 놓은 것이다. 대기업의 구매방식은 크게 나누어서 네 단계로 진화해 왔다고 한다. '구매의 프로화'인 제1단계와 '구매의 중앙집권화'인 제2단계를 거쳐, 90년대 이후에는 '조달처의 최

〈도표 5-9〉 **세계 일류기업의 구매방식의 진화**

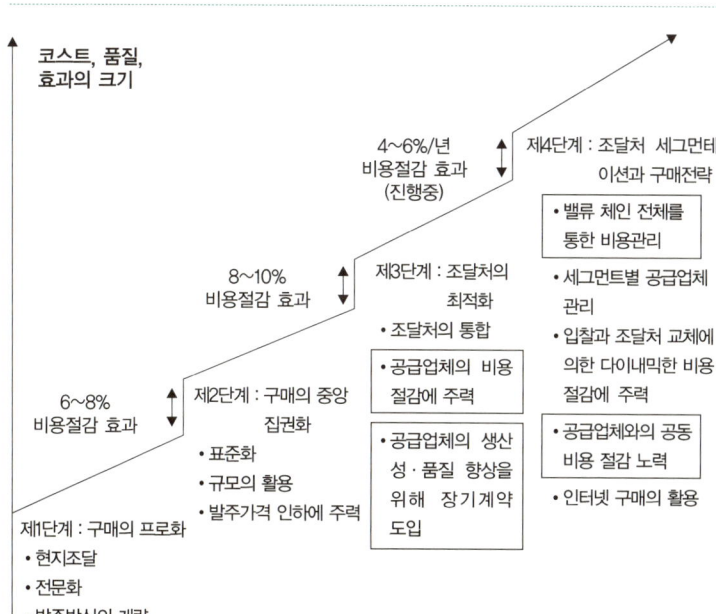

출처 : ⓒ BCG

적화'를 도모하는 제3단계, 그리고 '조달처의 세그먼테이션과 구매전략관리'를 실행하는 제4단계에 이르렀다.

제3단계와 제4단계에 모두 공통적인 것이, 거래하는 공급업체를 선별·집약하는 한편, 선택한 공급업체와는 예전보다 더욱 깊게 협력하여 고객·공급업체 쌍방 간의 메리트를 창출해내려는 움직임이다. 사각형으로 둘러싸인 항목은 모두 그러한 움직임과 관련된 것이다.

제3단계에서는 고객이 설계사양, 장기계약 도입, 일괄발주 수량 등의 거래조건을 재검토함으로써 공급업체의 생산성 향상을 촉진하여 공급업체의 비용인하에 협력하는 것이 중요한 시책이 되었다. 제4단계에서는 입찰과 조달처의 교체변경에 의해 공급업체를 동요시키면서 비용절감을 도모한다. 동시에 서플라이 체인 매니지먼트(Supply Chain Management) 등을 통해서 밸류 체인 전체를 통한 비용관리를 공급업체와 공동으로 수행하게 되었다. 두 단계 모두 고객과 공급업체간의 협동(Collaboration)이 열쇠가 되고 있다.

[사례] 산업재 업체

이러한 고객 측 콜라보레이션의 예가 〈도표 5-10〉이다.

이것은 어떤 공급업체의 고객인 산업재 업체 I사가 어떠한 분야에서 누구와 협동(Collaboration)하고 있는가를 보여주고 있다. I사는 사내외 조직과 연계하여 다면적 협동을 하고 있다. 특히 대규모의

<도표 5-10> **고객의 사내외 조직과의 콜라보레이션**

예) 산업재 업체 I사

제품개발에서의 콜라보레이션

분산되어 있는 제품개발자원을 통합하여, 보다 효과적인 제품개발을 실현.

기대효과 :
- 개발기간 단축
- 신제품비율 증대
- 원가 · 오버헤드(Overhead) 절감
- 개발품질 향상

제조 · 물류에서의 콜라보레이션

제조(외주를 포함)와 제품개발을 조기에 결합하여, 제조 · 물류과제를 조기에 해결.

기대효과 :
- 원가 · 오버헤드 절감
- 품질향상
- 개발기간 · 납기 단축

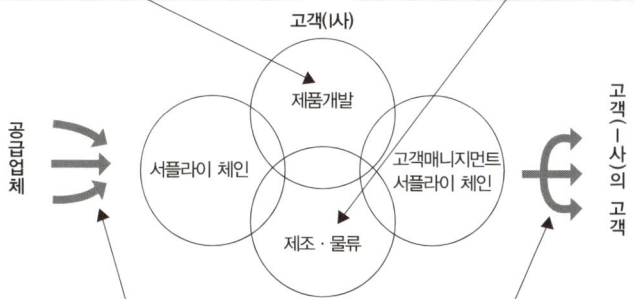

공급업체와의 콜라보레이션

- 공급업체를 제품의 설계 · 개발에 참가시켜서, 낮은 비용과 고품질화를 도모한다.
- 공급업체로부터의 서플라이 체인을 재검토

기대효과 :
- 개발기간 단축
- 원가 · 오버헤드 절감
- 기술혁신과 신제품개발에 대한 자극
- 밸류 체인 전체의 비용절감, 스피드 업

고객(I사)의 고객과의 콜라보레이션

- 고객에게 제품의 설계 · 개발에 참여토록 하여 니즈에 맞는 제품을 개발
- 고객에 대한 서플라이 체인을 공동으로 재검토

기대효과 :
- 커스터마이제이션 향상
- 고객 라이프사이클 매니지먼트
- 제품라인의 심화
- 고객에 대한 납품비용 절감, 납기 단축

출처 : ⓒ BCG

분야는 제품개발, 제조, 서플라이 체인이다.

I사는 우선, I사의 고객(납품처)과 콜라보레이션 하고 있다. 고객을 I사의 제품 개발·설계 작업에 참여토록하거나, 서플라이 체인의 재검토 시 고객의 협력을 얻거나 하여 제품에 고객니즈를 반영하고, 납입비용의 절감, 납기의 단축 등을 도모하고 있다. 또한 이러한 고객과의 공동작업을 통하여 고객과 I사와의 관계를 강화하고 있다.

한편 I사는 I사의 공급업체(조달처)와의 콜라보레이션도 추진하고 있다. 공급업체를 I사의 제품 개발이나 설계, 밸류 체인 전체의 재검토 시에 참가시킴으로써 I사 제품의 고도화를 추진하거나, 조달비용을 낮추거나, 부품이나 원재료의 납입조건을 개선하고 있다. 이렇게 고객과 공급업체 양방향으로 제품개발, 제조, 조달의 각 방면에서 콜라보레이션을 전개함으로써 I사의 경쟁력을 향상시키려고 하고 있는 것이다.

그 효과의 예가 〈도표 5-11〉이다. 이것은 I사가 공급업체와 공동으로 모든 조달품의 구매비용을 재검토한 결과이다. 두 부분으로 나누고 있다.

하나는, 구입품의 비용이다. 이 부분에 대해서는 공급업체와 공동으로 비용절감 프로그램(Cost Down Program)을 실시하고 있다. 구체적으로는, 공급업체에 주요한 납입품의 제조공정이나 납입프로세스를 제시하도록 한 뒤, I사의 비용절감 전문가가 검토하여 그 중에서도 부가가치가 낮은 부분을 합리화·효율화하도록 지도·어드

<도표 5-11> **고객 · 공급업체의 콜라보레이션**

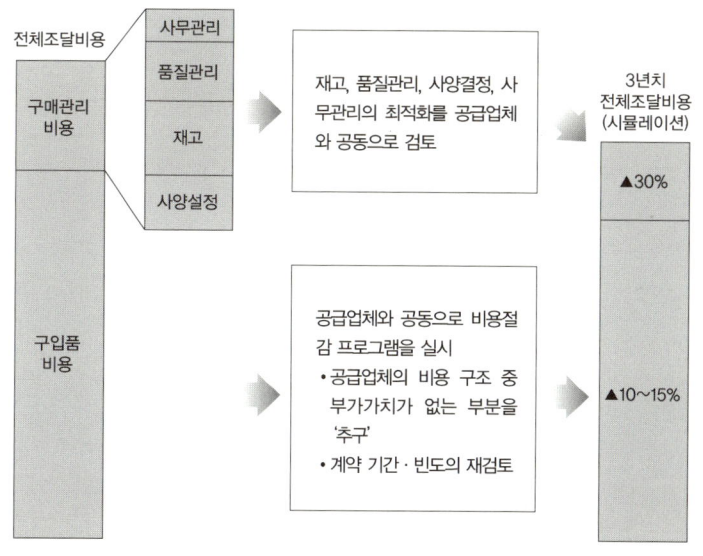

출처 : ⓒ BCG

바이스 하고 있다. 또한 계약기간을 장기화하거나 납입빈도를 조절하여 양자에게 있어서 최적이 되는 조건을 모색하는 작업도 하고 있다. 그 결과 구입품의 전체비용이 10~15% 정도 절감되고 있다.

또 하나는, 구매의 관리비용이다. 여기에는 재고 품질관리, 사양결정, 공급업체 관리, 구매 전체의 사무처리 등의 업무비용이 포함되어 있다. 이 부분도 공급업체의 협력을 얻어서 전표관리, 수 · 발주 업무, 입 · 출력 작업, 품질관리 등의 업무 프로세스와 정보교환

프로세스를 재검토하였다. 그 결과, 이 부분에 대한 I사의 비용 역시 30% 정도 절감되고 있다. 전체적으로 15~20% 정도의 비용절감에 성공한 셈이다.

공급업체의 대응책

이러한 콜라보레이션에 대해서는 고객 측의 비용만 절감될 뿐, 공급업체 입장에서는 가격만 내리고 전체 매출은 별로 오르지 않는다는 부정적인 견해도 있다. 그러나 방법론에 따라 공급업체에게도 커다란 이점이 있다.

첫째, 대형 유력 고객과 장기적인 협력관계를 구축할 수 있다. 콜라보레이션에 참가함으로써 고객의 사내업무 프로세스에 자사가 깊이 관여하여, 자사 없이는 고객의 업무가 돌아가지 않게 되면, 자사를 고객의 조달처에서 제외시키기 어려워진다. 이것을 '고정화(Lock-In) 효과'라고 한다.

둘째, 엄격한 대형고객의 요구에 계속적으로 대응함으로써 자사의 제품개발이나 로지스틱스, 관리업무가 단련되어 업계에서 경쟁력을 높일 수 있다. 또한 대형고객과 개발한 제품을 표준화하여 다른 고객에게로 횡전개하는 광범위한 판매도 가능해진다. 이것은 이미 언급한 '지혜가 되는 고객' 효과이다.

셋째, 고객도 공급업체를 착취하는 것만으로는 장기적이고 지속적인 안정적 공급관계를 구축할 수 없으므로, 고객 측의 비용절감 이익을 공급업체와 공유하게 된다. 조달처를 소수로 한정시키는 만큼, 셰어를 모아서 발주량을 늘리거나 다양한 기술지도 등도 제공한다.

물론 단점도 있지만, 콜라보레이션은 대세이기 때문에, 자사가 대응하지 않아도 경쟁사 어느 곳에서는 대응하므로 그 결과, 큰 셰어를 빼앗기게 된다. 어차피 대응을 해야 한다면, 각오를 하고 누구와 얼마나 원만하게 이끌어갈 것인지 철저하게 생각해야만 할 것이다.

예를 들면, 콜라보레이션은 무척 수고스러운 반면, 실시하게 되면 특정고객과 상당히 깊은 관계를 맺게 된다. 유력 고객과 관계를 강화하기 위해서 어떤 종류의 '선행투자'를 한다는 의미가 강하다. 따라서 많은 고객에게 모두 적용할 수 있는 형태가 아니라 바로 여기다 싶은 거래처, 즉 거래량이 큰 업계의 리더인 기업이나 장래의 '승리마' 후보군 기업 등에 한정하여 실행할 필요가 있다. '고객 타깃팅'을 확실하게 실행하여 유망한 상대를 골라서 콜라보레이션 하는 것이 중요하다.

또한 콜라보레이션에는 사내의 관련부문에서 선발한 멤버를 투입할 필요가 있다. 어정쩡한 멤버라면 대형고객의 엄격한 요구나 논의를 따라가지 못하기 때문에 고객이 상대를 해주지 않는다. 그렇게 되면 모처럼의 '선행투자'가 결실을 맺지 못하게 될 리스크가 있다.

동시에 콜라보레이션은 기업 대 기업의 관계구축이므로, 현장의 영업사원 레벨에서만 실행할 것이 아니라, 경영진 레벨에서도 실행할 필요가 있다. 경영자는 콜라보레이션 하고 있는 업체의 경영자에게 '우리 회사는 전사적으로 협력하고 있다'는 점을 항상 어필하여, '선행투자를 언젠가 회수하겠다'라는 점을 인식시켜 둘 필요가 있다. 또한 콜라보레이션의 방향성이나 고객의 자사에 대한 인식·의식함양 등 경영진 레벨에서 항상 고객 경영진의 의향 등을 확인하여 의견을 교환해 두는 것도 불가결하다.

[방법 4] SFE
영업생산성을 높인다

SFE란 Sales Force Effectiveness의 약자로, 직역하면 '영업팀의 유효성'이라는 의미이지만, '영업생산성 향상'이라고 하는 경우가 많다.

SFE는 주어진 제품과 영업팀의 인원수를 바꾸지 않고, 영업의 효과와 생산성을 높여서 매출을 대폭적으로 증대하려는 영업개혁의 어프로치를 가리킨다. 현재 다양한 업계에서 SFE를 전개하고 있으므로 들어본 적이 있는 독자도 많을 것이다.

전략에 따라서 영업사원의 행동을 효율화

SFE의 개념은 영업사원 한 명 한 명이 영업 전략을 따라 충실하게 수행하도록 빈틈없이 관리·지도함으로써, 영업사원 간의 행동이나 실적의 편차를 없애서 영업활동을 전체적으로 높은 레벨로 끌어올리는 것이다. 지금까지 몰랐던 새로운 방법이 아니라, 매우 기본적인 것을 착실하게 실행해 가는 것이 SFE의 진면목이다.

〈도표 5-12〉를 참고하기 바란다. 이것은 제약업체 K사 영업사원의 행동을 플롯화한 것이다. 이미 언급한 것처럼 제약업체의 영업사원은 의료시설의 의사나 약제사 등을 방문하여 자사 약제의 효능이나 부작용 등을 설명한 뒤, 약제의 채용을 촉진하여 그 의료시설로부터 매출을 올리는 역할을 맡고 있다.

원래대로라면 영업사원은 환자가 많고 구매예산이 많은, 즉 매출 잠재력이 높은 의료시설을 우선적으로 방문해야 한다. 그런데 이 두 개의 그래프에서 알 수 있듯이 K사의 영업사원은 그러한 의료시설의 우선순위와는 거의 상관없이 방문하고 있다. 그것은 거의 무질서라고 말해도 좋을 정도이다. K사에서는 지금까지 영업사원의 방문처를 거의 관리하지 않았기 때문에 이러한 결과를 낳은 것이다. 요컨대, 관리를 하지 않고 방임하면 영업사원은 무질서한 행동을 취하기 쉬운 것이다. 여기에 SFE를 도입하면 영업생산성을 대폭적으로 개선할 수 있는 여지가 있다.

〈도표 5-12〉 **방치하면 영업사원의 행동은 무질서화**

예) 제약업체 K사의 의료시설 방문 분석

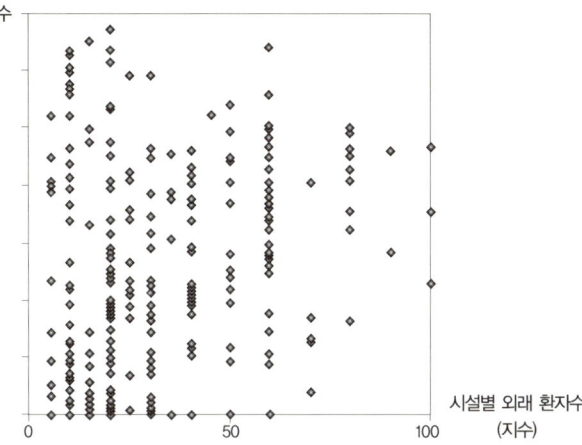

시설별 환자수 대비 영업 방문수

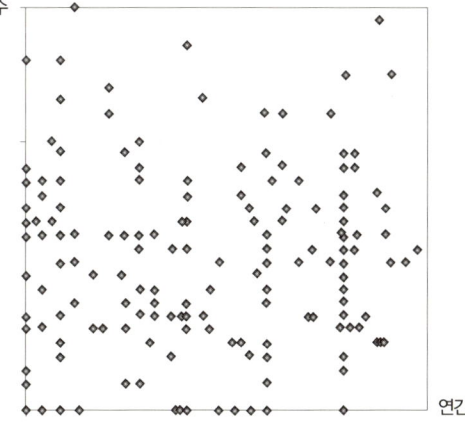

시설별 연간 구입예산 대비 영업 방문수

출처 : ⓒ BCG

영업생산성 향상의 네 가지 단계

SFE의 일반적인 어프로치는 통상적으로 4단계로 추진한다〈도표 5-13〉.

1단계에서는 현상 진단을 실시한다. 우선 영업효율을 측정할 지표 등의 정량평가분석을 실시한다. 그러나 이러한 데이터만으로는 도대체 현장에서 어떤 일이 일어나고 있는지를 알 수 없다. 따라서 먼저 실적이 좋은 영업사원과 그렇지 못한 영업사원으로 나눈다. 그런 다음, 각각의 고객방문에 동행하여 양자가 무엇이 다른지를 관찰한다. 또한 영업사원의 업무분석과 시간분석을 실시하거나, 자사의 영업활동에 대해 고객으로부터 피드백을 받는다.

이러한 정보를 통합하여 지금의 영업활동에 어떠한 문제가 있는지, 영업사원의 실적의 좋고 나쁨이 무엇에 의해 결정되고 있는지 등을 진단한다. 〈도표 5-14〉는 제약회사의 영업사원과 동행한 결과를 만화로 표현한 것이다. 실적이 좋은 영업사원이 의사에게 짧은 시간 동안 제품의 포인트를 정확하게 소구하고 있는 것에 반하여, 실적이 나쁜 영업사원은 의사에게 단순히 자료를 건넬 뿐 아무런 설명도 못하는 모습을 나타내고 있다. 이러한 상황은 실제로 영업현장에 가보지 않으면 알 수 없는 것이다.

2단계는 영업의 새로운 승리패턴을 만드는 프로세스다. 몇 곳의 영업거점을 파일럿 후보군으로서 선정하여 실적이 좋은 영업사원

〈도표 5-13〉 **SFE의 어프로치**

① 현장의 상황파악

활동상의 과제 상세파악
- 고객타깃팅
- 영업사원 활동의 양
- 영업사원 활동의 질
  - 영업사원 동행조사
  - 고객 서베이

② 방법의 구체화

파일럿 영업소를 선정
파일럿으로 '영업승리패턴'을 작성
타깃 고객의 선정
효과적인 방문평가
방문시의 세일즈·토크
새로운 승리패턴의 매뉴얼 화
파일럿 실시
파일럿 결과로 매뉴얼을 수정

③ 트레이닝

전 영업사원에 대해서 새로운 승리패턴의 트레이닝을 실시
- 지점장
- 소장·과장
- 영업사원

④ 실행

2단계로 나누어서 과장이 영업사원에 대한 코칭현장에 입회하여 개선점을 지도
- 단계 1 :
  영업사원의 영업계획 책정방법, 과장의 코칭방법을 지도
- 단계 2 :
  과장의 코칭방법의 확인과 지도할 수 있게 될 때까지 반복하여 코칭

출처 : ⓒ BCG

의 행동패턴을 어느 정도 정리하여 정형화해 본다. 예를 들면, 고객 타깃팅의 방법, 방문계획의 수립방법, 방문 시 고객과의 대화나 세일즈 토크의 방식 등 실천적인 성공패턴을 뽑아낸다. 그리고 실제로 일반적인 영업사원에게 그것을 파일럿으로 실행시켜보고 효과가 있는지를 시험해 본다. 어느 정도 효과가 있는 것을 모아서 매뉴

<도표 5-14> **영업동행에 의한 영업사원의 질을 검증**

예) 의약품업체의 영업사원

얼을 작성한다. 효과가 없는 것이나 다른 방식이 좋겠다고 판단되는 것은 수정한다. 요컨대, 탁상공론으로 그치지 말고 현장에서 효과가 있는 것, 실제로 영업사원이 할 수 있는 것을 매뉴얼화하는 것이다.

3단계에서는 이 새로운 승리패턴을 전사적으로 현장에서 전개하기 위해 영업팀 전체에 대해서 트레이닝을 실시한다.

승리패턴에서 요구하는 영업행동은 대부분의 경우 지금까지의 영업과는 다르다. 그래서 지금까지의 방법에 젖어있는 경험자일수록 새로운 방법에 대한 반발이 강해질 것이다. 따라서 영업사원만이 아니라, 지점장·지사장·영업과장·영업소장 등 관리직과 경험이 많은 영업사원을 포함해 전원을 트레이닝 해야 한다. 아울러 트레이닝을 위한 시간을 충분히 확보한다.

4단계는 새로운 승리패턴을 현장에 침투시키는 작업이다. 실은 지금까지의 1~3단계보다 이 부분이 SFE의 성패를 가르는 가장 중요한 부분이다.

영업사원의 행동에 가장 영향을 미치는 것은 직속 상사인 영업소장, 영업팀의 리더, 주임 등의 행동이다. 이들 관리직의 영업사원에 대한 평상시의 의식함양이나 방문계획의 지도, 영업동행 등에서의 모범이나 OJT 코칭, 그 결과의 관리 등이 정확히 이루어지고 있는가가 영업사원의 실적을 크게 좌우한다.

그러나 실제로는 이 점이 최대의 난제(Bottle Neck)인 회사가 많

〈도표 5-15〉 **영업개혁의 최대과제 : 현장코칭의 편차**

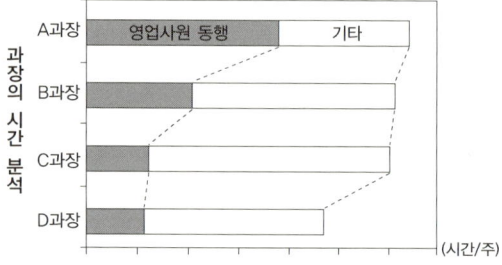

예) 과장의 코칭

'과장의 코칭에 대한 인식'

A과장
전 영업사원을 성장단계에 따라서 코칭

B과장
실적이 나쁜 영업사원과 신입사원으로 한정하여 코칭

C과장
신입사원에게만 기본동작부터 코칭

D과장
코칭은 전혀 의식하지 않음

'영업사원의 과장에 대한 평가'

▶ 꼭 필요할 때 동행해준다. 과장의 방법을 보면 참고가 되고, 과제를 지적한다.

▶ 과장이 동행할 때 지적해주므로 대단히 도움이 된다.

▶ 과장은 신입사원에게만 전력. 나에게는 영업동행도 코칭도 해주지 않는다.

▶ 내 방법이 잘된 건지, 잘못된 건지 불안. 과장이 좀 더 동행하고 코칭해 주었으면 좋겠다.

출처 : ⓒ BCG

다. 〈도표 5-15〉는 어느 업체의 영업현장을 담당하고 있는 과장 네 명을 대상으로 시간 사용법과 코칭 방법을 분석한 것이다. 이 네 명의 담당부서가 전 사에서 최고부터 최저인 각 클래스를 대표하므로 샘플조사한 것이다(A과가 최고, D과가 최저). 실제 시간분석은 좀 더 세세하게 하고 있지만, 여기서는 단순화시켜 영업동행에 의한 코칭과 그 이외의 시간으로 나누고 있다.

이 표를 보면 네 명의 과장 사이에도 코칭에 대한 시간투입방법이나 코칭에 대한 사고방식이 크게 편차가 있다는 점, 그리고 그것이 각각의 담당부서의 성적에 크게 영향을 미치고 있다는 것을 알 수 있다. 부서원들의 과장에 대한 평가도 그에 대응하여 차이가 나고 있다.

많은 기업에서 이러한 일이 일어나고 있다. 즉, 아무리 1~3단계에서 분석을 잘해 필승패턴을 수립하더라도 마지막 4단계에서 현장에 침투시킬 때 중간관리자의 영업행동이나 코칭 능력이 동반되지

〈도표 5-16〉 **실행의 철저한 모니터링과 코칭**

예)

	내 용	타이밍	사용하는 툴
개별면담	• 영업사원 활동계획의 진척을 확인 • 진척이 되지 않는 고객의 원인과 대책을 논의 • 동행해야할 고객의 선정	• 월초	• 영업사원·액션플랜 • 개별 코칭 툴(과장용)

동행	• 동행계획을 공유화
	  -누구와 어떤 타이밍에서
	  -면담의 목적, 달성 포인트
		• 매월
		  -영업사원별로 설정
			• 동행 시 방문의 양과 질 체크 리스트(과장용)

동행후 면담	• 동행종료 후 과장이 영업사원에게 문제점과 다음 장소에서의 액션을 피드백
	  -차 안, 커피숍 등
		• 동행종료 직후
		  (또는 다음날)
			• 동행 시 방문의 양과 질 체크 리스트(과장용)
			• 영업사원·액션플랜

출처 : ⓒ BCG

않으면 현장은 변화하지 않는다.

따라서 영업식원의 트레이닝 이상으로 현장 리더의 코칭 트레이닝을 철저히 반복 실시해야 한다. 또한 〈도표 5-16〉에서 볼 수 있듯이, 영업 단계별로 부서원에 대한 지도 패턴이나 지도를 위한 툴도 작성하여, 과장으로서 이러한 작업을 결정된 대로 실행하고 있는가도 확인하도록 한다.

영업사원은 어느 정도 '론 울프증'에 걸려서, 혼자서 행동하는 것을 즐기고 관리받는 것을 싫어한다. 따라서 SFE를 통해 세심한 행동을 하나하나 확인하게 되면 반발하는 사람도 나오겠지만 끊기 있게 적극 요청해야 한다. 실제로 행동의 변화가 성과로 나타나는 것을 보면 그 순간 변화를 받아들이게 된다. 그래도 받아들이지 않는 사람은 이미 사내에서 불필요한 사람이거나 또는 천재적인 영업사원 중 하나일 것이다.

이러한 관리직의 지도·코칭을 개조하여, 그 결과로서 영업사원의 행동이 변화하고 실제로 '조직의 습관'으로 정착될 때까지 계속해서 실행을 반복하는 것이 SFE의 가장 중요한 부분이다.

파워풀한 영업개혁의 수단

〈도표 5-17〉은 SFE 효과의 예이다. 그래프는 각각의 고객의 구

〈도표 5-17〉 **SFE 실시 전 vs. 실시 후**

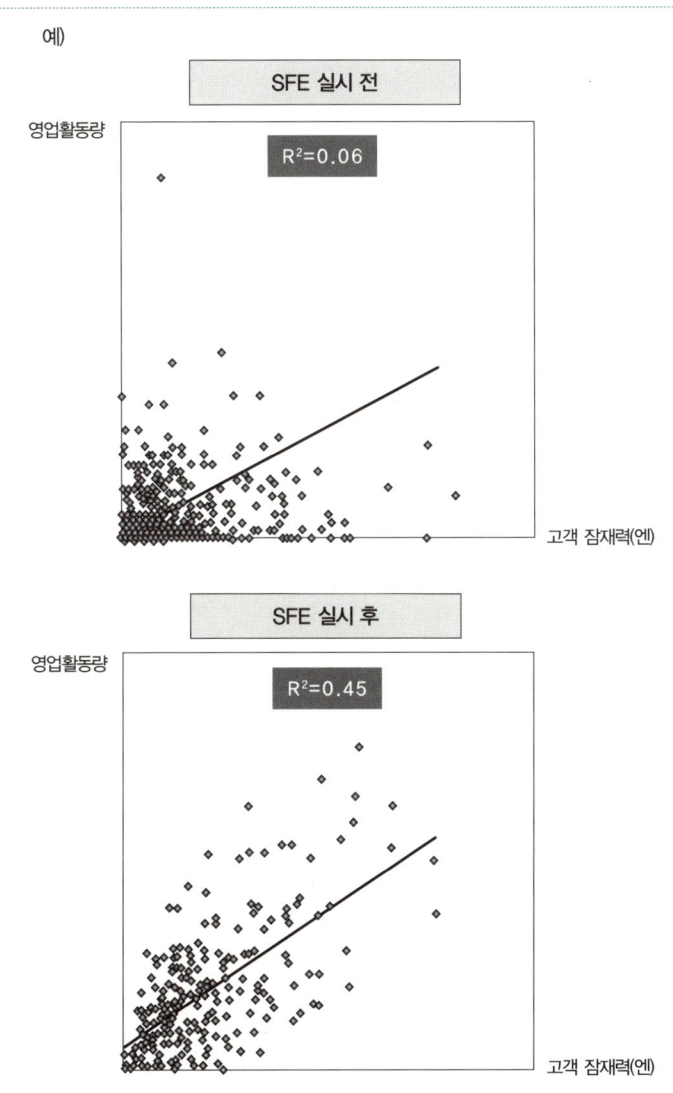

출처 : ⓒ BCG

매 잠재력과 그 고객에 대한 영업활동량의 관계를 나타내고 있다. 하나하나의 점은 고객을 나타내고 있다.

그래프 상의 R 제곱(R Square)은 X축 데이터와 Y축 데이터와의 상관도를 나타내는 상관계수이다. 상관도가 클수록 1에 가깝다. 위쪽 그래프에서는 R 제곱이 0.06이므로 X와 Y는 거의 관계가 없다는 것을 알 수 있다. 요컨대, 이 기업의 영업사원은 고객의 구매 잠재력과 상관없이 고객에 대해서 영업활동을 수행하고 있는 것이다.

이 기업은 SFE를 도입하여 앞서 소개한 네 단계를 거쳐 새로운 영업승리패턴을 정한 뒤 현장에서 전개하였다. 그 6개월 후의 결과가 아래쪽 그래프이다. R 제곱은 0.45가 되었다. 1은 아니지만 상당히 높은 상관관계가 생긴 것을 알 수 있다. 즉, 6개월 동안에 영업사원의 행동을 변화시켜, 잠재력이 높은 고객에게 우선적으로 영업활동을 투입하게 된 것이다.

이 기업은 그 동안 신제품을 출시하지도 않고 영업사원을 대폭적으로 증원하지도 않았다. 하지만 이 SFE에 성공하자 침체되어 있던 매출이 증가하기 시작하여, 그 이후 연속적으로 여러 분기의 매출 및 이익이 증가하였고, 업계에서도 급성장하는 태풍의 눈과 같은 존재가 되었다. SFE는 올바르게 그대로 실행하기만 하면 극히 파워풀한 영업개혁의 방법이다.

THE BCG WAY

제 6 장

프라이싱을 재수립한다

고수익을 실현하는 가격설정

THE ART OF BUSINESS MARKETING

The BCG Way
The Art of Business Marketing

가격의 재검토는 어렵지만, 방법에 따라서 효과는 크다

프라이싱(Pricing)이란 가격설정을 말한다. 제1장에서 '영업의 암운' 중 하나로 '프라이싱의 암운'을 지적하였다. 고객의 거래액과 할인율 사이에 그다지 상관관계가 없고, 전체적으로 가격전략이 무질서한 상태를 보이고 있었다.

여기서 소개하는 〈도표 6-1〉도 비슷한 '프라이싱의 암운'을 보이고 있다. 이 도표는 부품제조회사 L사의 고객별 매출과 각각의 고객과 거래했을 때의 가격레벨(리베이트나 실질 할인 등을 뺀 순(Net) 가격)의 관계에 대해 주력하는 두 가지 제품으로 나타낸 것이다.

점 하나하나가 고객에 해당한다. 이것도 제1장의 예와 마찬가지로, 프라이싱이 자사의 고객 우선순위에 기초하여 명확하게 관리되지 않기 때문에 발생하고 있는 무질서 현상이다.

〈도표 6-1〉 **프라이싱의 암운**

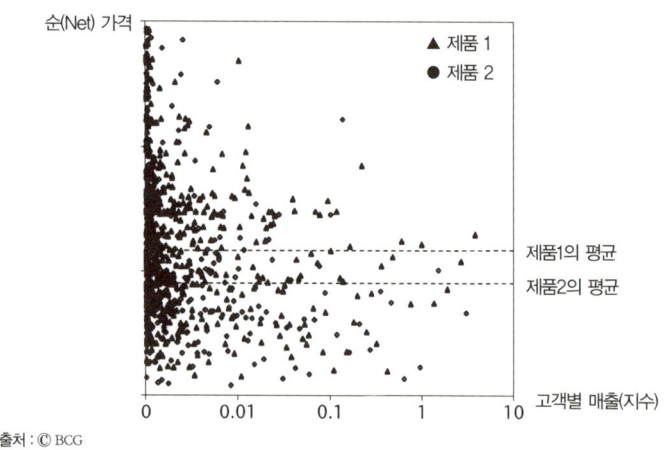

출처 : ⓒ BCG

〈도표 6-2〉 **전략적 프라이싱에 따른 수익개선 효과(시뮬레이션)**

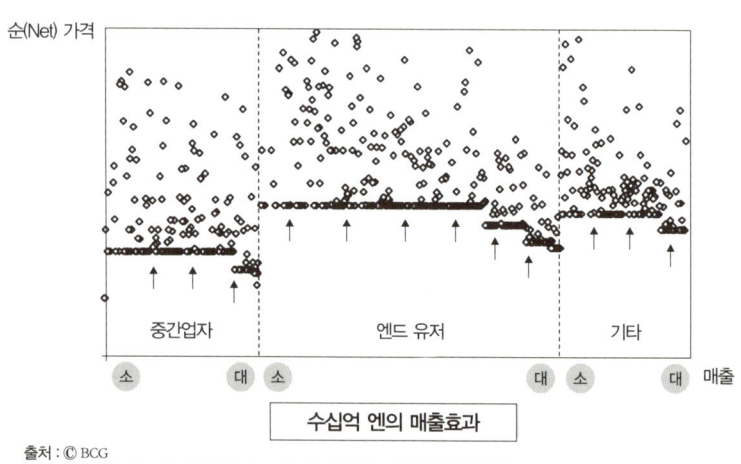

출처 : ⓒ BCG

이러한 무질서 상태 속에서 '전략적 프라이싱 기법'을 도입하면, 디플레이션 시장 속에 놓여있다고 해도 높은 가격실현성이나 수익성을 달성할 수 있게 된다.

〈도표 6-2〉는 이 부품제조회사 L사가 고객 타입별로 최저 가격선을 그어서, 그 선 이하에 있는 고객과의 거래가격을 최저 가격선까지 끌어올렸을 경우 매출에 어느 정도 효과가 있을 것인가를 시뮬레이션한 것이다. 물론 가격을 인상하면 일부 고객은 이탈하겠지만, 그 마이너스 측면을 고려하더라도 L사가 수십억 엔 규모의 매출 증가를 기대할 수 있다는 사실을 알 수 있다.

가격을 조정하는 것은 대단히 어려운 일이지만, 어떤 방식으로 할 것인가를 연구하면 대단히 큰 효과를 볼 수 있다. 특히 영업이익에 대한 효과가 크다. 어떤 식품회사에 대한 분석을 보면, 고정비·간접비, 변동비를 각각 1% 개선할 경우 영업이익은 각각 1.3%, 3.5% 개선된다. 그리고 판매수량을 1% 증가시키면 영업이익은 3.6% 개선된다. 이에 대해 가격을 1% 인상하면, 영업이익은 무려 7.1%가 상승한다는 놀라만한 결과가 나왔다. 가격을 조정하는 것은 기업의 바텀라인(Bottom Line)에 대한 효과가 그만큼 크다는 것이다.

가격이 재검토 시 검토해야 할
다섯 가지 포인트

그러면 가격을 어떻게 재검토하면 좋을 것인가? 가격에 관한 재검토 대상은 〈도표 6-3〉에서 들고 있는 다섯 가지 항목이다. 각각 재검토할 포인트는 다음과 같다.

포인트① — 제품가격

제품가격의 실현성을 어떻게 개선할까? 실현가격이란 정가가 아니라, 시장이나 고객과의 거래에서 실제로 실현한 순(Net) 가격을 말한다. 이것을 어떻게 올려갈 것인가가 관건이다. 구체적인 방법의 예로서는 가격리스트나 할인의 가이드라인을 작성하여 그것을

<도표 6-3> **가격 재검토 시 검토항목과 방법의 예**

(1) 제품 가격
- 가격리스트의 관리
- OEM교섭 관리
- 계약교섭 관리
- 입찰 관리

(2) 제품믹스(조합)
- 리베이트, 인센티브에 의한 유도
- 가격할인, 성의를 보이는 할인에 의한 유도
- 제품의 핸들링
- 포트폴리오 프라이싱 (가격조합)

(3) 서비스 가격
- 운송비 구분에 의한 가격설정
- 납기에 의한 가격설정
- 오더사이즈에 의한 가격설정
- 기술지원에 대한 대가
- 특주조건에 대한 대가

(4) 애프터 마켓가격
- 보수·점검·수리 서비스
- 업그레이드에 대한 대가
- 보험에 대한 대가
- 품질보증에 대한 대가

(5) 프라이싱의 케이퍼빌리티(Capability; 조직능력)
- 조직구조, 역할책임
- 프라이싱 플랜이나 실행업무 프로세스
- 영업부서의 인센티브와 실행의 모니터링, 궤도수정
- IT, 관리시스템, 서포트 툴(tool)

출처 : ⓒ BCG

준수하게 하거나, OEM교섭 · 계약교섭 · 입찰 등 실적에 효과가 큰 조건의 프라이싱에 관해서 엄격하게 관리하여, 안이하게 할인을 못하도록 하는 것을 들 수 있다.

포인트② - 제품 믹스

제품 믹스는 복수 제품의 조합이다. 이 제품의 조합을 변경함으로써 가격의 실현성을 어떻게 높일 것인가가 과제이다. 구체적인 방법으로는, 리베이트나 인센티브, 가격할인, 성의를 보이는 할인 등을 통해 수익성이 높은 제품으로 고객을 유도하거나, 서로 다른 복수의 제품을 함께 묶어서 다소 저렴한 가격에 판매하는 것을 들 수 있다.

포인트③ - 서비스 가격

제품과 함께 제공하는 부대서비스는 무상으로 제공하는 경우가 많다. 이때 이 대가를 고객으로부터 어느 정도까지 회수할 것인가, 어떻게 회수할 것인가가 과제이다. 구체적인 예로서는 일정한 거리 이상의 운송서비스, 표준보다 짧은 납기, 표준보다 큰(또는 작은) 주문, 기술 지원, 특수조건 등 업계나 통상적인 거래의 표준적인 수준에서 벗어나는 서비스에 대해서는 고객에게 대가를 청구하는 것 등이 있다.

포인트④ — 애프터 마켓 가격

애프터 마켓이란 제품 판매 후의 예비품, 교환부품, 보수, 보수 점검 등의 제품·서비스를 말한다. 이때는 그러한 애프터 마켓을 어떻게 신장시키고, 어떻게 그 대가를 회수할 것인가가 과제이다. 구체적으로는 보수·점검·수선 등의 서비스, 소프트웨어 등의 업그레이드 서비스, 보험 가입, 표준을 넘는 품질보증기간, 설치·조정 시운전 등 판매 후 다양한 제품 추가 공급이나 서비스가 검토대상이 된다.

이에 대해서는 제품판매 시에 추가로 계약을 하거나, 옵션 계약을 맺거나, 정기적으로 추천을 하는 등의 방법으로 판매를 확장하며, 가능한 한 대가를 징수하는 것이 중요하다. 아울러 본래 제품 자체의 가격은 내리고 반대로 애프터 마켓의 가격을 올려서, 제품의 가격이 아니라 애프터 마켓에서 이익을 내는 방법도 있다. 커피머신의 가격을 내리고, 정비 서비스나 토너 교환 등에서 이익을 내는 것은 그 한 예이다.

포인트⑤ — 프라이싱의 케이퍼빌리티

이미 기술한 바와 같이, 케이퍼빌리티란 조직 속에서 축적된 스킬이나 능력을 말한다. 프라이싱의 재검토 시에는 단순히 가격 그 자체를 재검토하는 것만이 아니라, 전략적으로 프라이싱을 활용하거나 의도했던 프라이싱을 실행하여 수익성을 높일 기회를 얻을 수 있는 케이퍼빌리티를 어떤 식으로 구축할 것인가가 과제이다. 구체적인 검토분야의 예로서는 프라이싱에 관한 담당조직이나 역할책임의 분담, 프라이싱에 대해 검토·의사결정하는 업무 프로세스, 가격변화(특히 가격인상)를 꺼리는 영업팀에 대한 인센티브, 가격의 관리 프로세스, IT나 분석수법 등의 관리용 툴 도입 등이 있다.

수익을 향상시키는
구체적인 프라이싱 기법

　그러면 실제로 어떻게 가격을 재검토하여 수익향상을 꾀할 것인가? 기본적인 프라이싱 기법을 소개하도록 하겠다〈도표 6-4〉. 이 그래프는 세로축에 가격, 가로축에 양을 설정하고 있다. '수요·공급 곡선'이라는 경제학의 기본적인 그래프이다. 오른쪽으로 갈수록 하향하는 직선이 수요곡선으로, '가격이 내려가면 수요(양)가 증가한다'는 관계를 나타내고 있다. 오른쪽으로 갈수록 상승하는 직선은 공급곡선으로, '가격이 내려가면 공급(양)은 감소한다'는 관계를 나타내고 있다. 이 두 개의 곡선이 교차하는 지점에서 시장가격이 결정된다. 이것이 경제학의 기본이다. 프라이싱 기법은 이 수요곡선과 공급곡선의 곳곳에서 연구를 하여, 가격을 올리거나 반대로 가격을 내리고 수량을 늘리는 등 그 조합을 검토하는 것이다.

<도표 6-4> **수익향상을 위한 프라이싱 기법의 예**

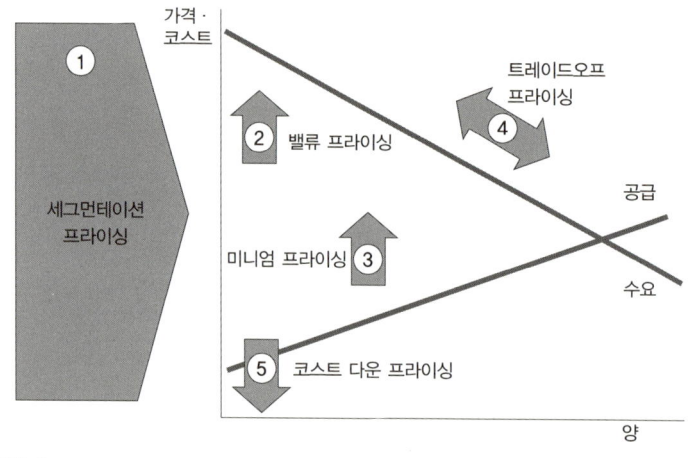

출처: ⓒ BCG

세그먼테이션 프라이싱

세그먼테이션 프라이싱(Segmentation Pricing)은 모든 프라이싱의 기본이다. 고객의 세그먼테이션에 맞춰서 가격을 변경함으로써, 보다 높은 가격을 실현하려고 하는 것이다.

고객 세그먼테이션에 대해서는 제2장에서 소개하였다. 고객 중에는 제품과 공급자의 선정에 있어서 가격에 큰 비중을 두는 고객과, 가격보다는 성능이나 그 이외의 조건을 중시하고 가격이 비교적 높더라도 그다지 문제가 되지 않는 고객이 있다. 후자와 같은 고객에 대해서는 전자보다도 높은 가격으로 판매하려는 것이 세그먼테이션 프라이싱이다. 예를 들면 제2장에서 소개한 건축자재업체의 예에서는, 고객을 기업의 규모와 니즈의 고도화·세련도라는 두 가지 관점에서 9개의 세그먼트로 나눈다. 규모가 큰 전국 규모의 플레이어 중에는 니즈의 세련도가 높은 세그먼트가 있고, 이 세그먼트에 있는 고객은 본래 다른 세그먼트보다는 비교적 고급 제품을 구매하고 있었다. 향후 이 세그먼트에는 지금까지와 동일한 제품을 더욱 비싼 가격으로, 혹은 지금까지보다 더욱 고도의 제품을 높은 가격으로 판매하려는 전략이다. 이 세그먼트는 본래 세그먼트 자체의 규모도 컸으므로, 만약 이 전략이 제대로 실행되면 전체의 수익성에 대한 효과는 대단히 커진다〈도표 6-5〉.

밸류 프라이싱

밸류 프라이싱(Value Pricing)이란 완전히 동일한 제품과 서비스에 대해서, 다른 고객보다 비싼 경제가치(밸류)를 찾아내는 고객에게는 그 가치에 상응하는 비싼 가격을 지불하도록 하는 방법이다.

야채·과일·생선·와인 등도 그 계절에 처음 나오는, 말하자면 '햇것'은 비싸다. 그러나 그것에 돈을 아끼지 않고 지불하는 소비자가 있다. 그런 고객이 망설이지 않고 비싸게 사도록 하는 수법이다.

<도표 6-5> ① 세그먼테이션 프라이싱

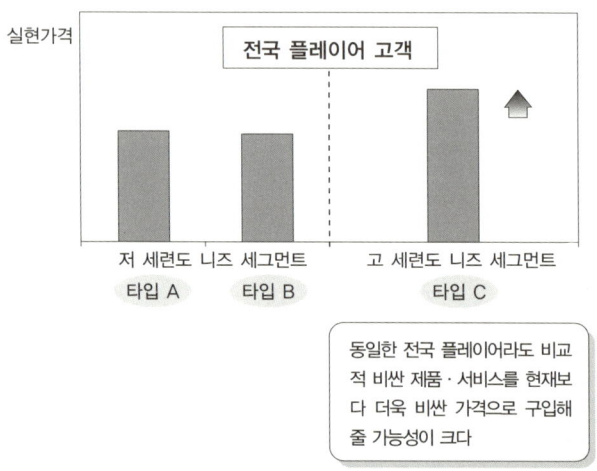

예) 고도화 니즈를 가진 세그먼트의 가격을 인상

동일한 전국 플레이어라도 비교적 비싼 제품·서비스를 현재보다 더욱 비싼 가격으로 구입해줄 가능성이 크다

〈도표 6-4〉의 수요곡선에 있어서 왼쪽 위, 즉 비싼 가격에도 불구하고 구매하는 소수의 고객을 위한 프라이싱이다.

생산재의 경우에는 몇 가지 방법이 있다.

첫 번째는 긴급발주를 하는 고객이다. 예를 들면 생산프로세스 상 열쇠가 되는 설비의 긴급 교환부품이나 수요가 급증한 제품의 원자재, 마감일이 정해져있는 인쇄업무 등이다. 요컨대, 긴급한 경우에는 고객 쪽에서도 선택지가 별로 없으므로 어느 정도 비싼 비용을 지불해도 구매하게 되는 것이다. 다만, 한 번의 거래에만 해당된다면 상당히 비싼 가격을 제시해도 되지만, 계속 반복적인 거래관계라면 우호관계를 무너뜨리지 않고 '은혜를 베푸는' 정도로만 가격을 인상하여 판매하는 것이 상책이다.

두 번째는 특주품의 고객이다. 특주품은 기본적으로 그 고객의 전용제품이므로 고객의 입장에서는 시장에 대용품이 없다. 상당한 고가라도 구매할 수밖에 없는 것이다. 그러나 가격을 너무 많이 올리면, 표준품으로의 전환을 촉진하거나 다른 특주품 공급자로 전환하는 계기가 될 수도 있으므로, 고객의 기분을 해치지 않는 범위 내에서 어느 정도의 가격인상을 꾀한다.

세 번째는 '버블고객'이다. 업계의 붐으로 경기가 좋아진 고객은 지갑을 열기 시작하고, 가격에 대한 민감도가 약해진다. 따라서 어느 정도의 가격까지는 허용하게 되고, 기꺼이 지불한다.

이러한 고객군(群)에는 비싼 가격을 청구해야 하는데, 어디까지 청구하는 것이 좋을 것인가에 대해서는 제2장에서 소개한 EVC에 기초하여 결정한다. EVC는 특정 고객이 자사의 제품·서비스에 대해서 기존제품이나 대체품에 비해 어느 정도 커다란 가치(밸류)를 인식하는가를 정량화한 것이다. 여기에서 말한 고객군은 이 EVC를 다른 고객에 비해 높게 인식하고 있는 것이다. 따라서 EVC의 범위 내에서 어느 정도 고객에게도 그 가치를 환원할 수 있는, '은혜를 베푸는' 범위 내에서 가격을 인상하는 것이 포인트다.

짧은 납기를 바라는 고객의 예를 통해 알아보자〈도표 6-6〉. 고객에 대한 납기를 단축하면 고객 측에서는 여분의 재고를 갖고 있을

<도표 6-6> ② 밸류 프라이싱

예) 짧은 납기 고객에 대한 고가격 청구

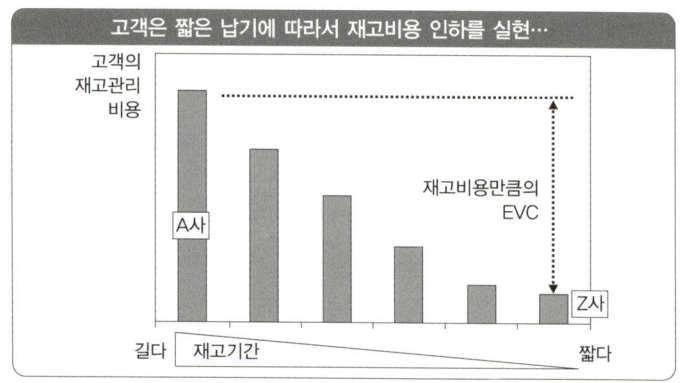

출처 : ⓒ BCG

필요가 없어지고, 그만큼 재고비용이 감소한다. 이것이 고객에 있어서의 경제가치가 된다. 이 그래프는 산업재 부품을 취급하는 고객별로, 납기의 길고 짧음으로 인해 고객 측의 재고비용에 어느 정도 차이가 나는가를 비교한 것이다. 납기가 긴 왼쪽 끝의 A사와 납기가 짧은 오른쪽 끝의 Z사는 재고비용이 크게 차이가 난다. 만약 A사를 위한 납기를 표준납기로 하면, Z사에서는 이 재고비용의 차이만큼 EVC가 발생하게 되는 것이다.

한편, 짧은 납기를 위해 공급업체 측에서는 A사보다는 Z사를 위한 제품에 보다 많은 비용을 들이고 있다. 말하자면, 무의식 중에 A사보다 Z사를 우대하고 있는 것이다. 이런 경우 자주 하게 되는 것이 A사에게 납기가 긴만큼 가격인하를 해주는 것인데, 이 방법은 수익성을 저하시켜 버리므로 상책이라 할 수 없다. 따라서 Z사에 대해서 추가로 드는 비용을 커버하고, 또한 EVC를 넘지 않는 범위 내에서 짧은 납기에 상응하는 비싼 가격을 설정하는 것이 밸류 프라이싱적 사고라고 할 수 있다.

자사의 고객 중에서 비싸게 구매할 고객이 누구인가, 도대체 어느 정도 비싸게 구입할 것인가를 검토하는 것이 밸류 프라이싱의 첫걸음이라고 할 수 있을 것이다.

미니멈 프라이싱

미니멈 프라이싱(Minimum Pricing)이란 말 그대로 그 이하로는 팔지 않겠다는 최저 가격라인을 설정하는 것이다. 최저 가격제 혹은 프라이스 플로어(Price Floor)라고 부르는 경우도 있다. 앞에서 소개한 〈도표 6-2〉를 보면 가격을 일정 수준으로 정해서 그 이하로는 팔지 않도록 하고 있는데, 이것이 미니멈 프라이싱의 일례라고 할 수 있다.

미니멈 프라이싱의 기본은 고객 세그먼트별로 어느 정도 가격에 편차가 있는가를 파악하는 것이다. 〈도표 6-7〉은 네 개의 제품 세그먼트별로 고객별 가격의 편차를 분석한 것이다. 세그먼트에 따라서 편차가 다른 것을 알 수 있다. 문제는 어디에 최저 가격라인을 설정할 것인가이다. 이때 고려할 점은 최서 가격라인을 밑도는 고객을 어떻게 할 것인가, 가령 그 고객을 잃어도 전체적으로 수익이 오를 것인가 하는 점이다.

예를 들면, 제품A는 최저 가격라인을 밑도는 고객 3개사(a, b, c)가 있다. b, c의 2개사는 최저라인과 별로 가격차가 없으므로, 별 어려움 없이 가격인상 교섭을 할 수 있을 것으로 판단하고 있다고 하자. 문제는 최저라인과의 가격차이가 큰 고객 a이다. 이 경우는 가격교섭을 한다고 해도 결렬되고, a는 더 이상 거래를 하지 않을지도 모른다. 이때, a에 대해서 최저 가격라인을 밑돌더라도 싸게 판매하며 거래를 지속할 것인가, 거래를 끊을 것인가를 결정해야만 한다. 고객 a와의 거래를 끊더라도 최저 가격라인을 올림으로써 제품 A 전체의 수익을 보다 높일 수 있다면, 망설이지 말고 고객 a와의 거래를 중지해야 할 것이다.

제품B나 제품D의 고객 d, e, h 등은 비교적 대처하기 쉬운 예일 것이다. 어려운 곳은 제품C와 같은 경우다. 고객 g는 대량주문을 하는 고객이며, 또한 최저 가격라인을 큰 폭으로 밑도는 가격이 형성되어 있다. 최저가격까지 인상하는 교섭이 간단히 이루어지지는 않을 것이다. 만약 고객 g가 최저가격을 거부하여 거래를 중단할 경우 제품C 전체에 미치는 매출감소의 충격은 상당히 클 것이다. 이러한 경우에도 대형거래의 중단과 최저가격 인상의 어느 쪽이 제품C 전

〈도표 6-7〉 ③ 미니멈 프라이싱

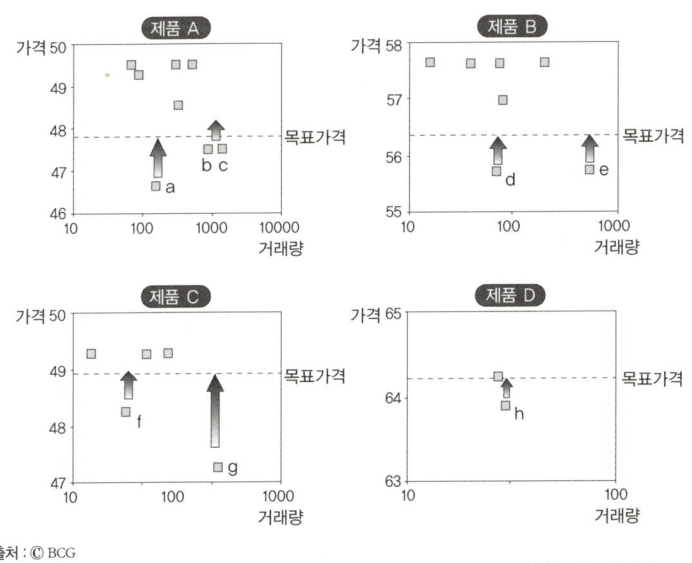

출처 : ⓒ BCG

체의 수익성을 향상시키는가의 관점에서 판단할 필요가 있다. 만약 거래를 중단하여 수익이 저하된다면, 고객 g가 받아들일 수 있고 수익성이 향상되는 수준까지 최저가격을 하향 조정할 필요가 있다.

이처럼 미니멈 프라이싱에는 최저 가격라인을 밑도는 고객을 잃게 될 리스크가 있으므로, 그 리스크의 크기를 정확히 평가하여 실시하여야 한다. 그것을 명확하게 관리하여 시행한다면, 전체 가격수준을 올려서 수익성을 향상시키는 효과적인 방법이 될 수 있고, 또한 현장의 영업사원에게도 이해시키기 쉽다.

트레이드오프 프라이싱

트레이드오프 프라이싱(Trade-off Pricing)이란 볼륨 디스카운트를 재검토하는 것이다. 트레이드오프란 두 개의 양 중에서 한쪽을 올리면 또 다른 한 쪽이 내려가는 관계가 되는 상태를 가리킨다. 이를 수요곡선을 통해 알아보자. 가격을 올리면 구매량이 감소하고 반대로 가격을 내리면 구매량이 증가한다는 것은 가격과 수량간의 트레이드오프 관계이다.

여기에서는 특히 대량구매를 하는 거래처에게 대형 할인을 해주는 상황을 재검토하는 방법에 한정하여 검토해보겠다. 많은 기업에서 대량구매를 하는 거래처에게는 디스카운트를 하여 판매하고 있다. 그러나 그 디스카운트 방법은 상당히 자의적으로 이루어지며, 명확한 근거도 없이 할인율을 결정하는 것이 현 실정이다. 그 결과, 실제로 해주어야할 수준 이상의 할인을 해주는 예도 자주 볼 수 있다. 이것을 조금만 재검토하면 수익을 개선시킬 수 있다.

〈도표 6-8〉은 그 성공적인 예이다. 이 건축자재업체는 약 1년 반에 걸쳐서 볼륨 디스카운트의 가이드라인을 변화시켰다. 종래는 비교적 작은 거래액에서 할인을 시작해, 거래 규모가 커지면서 할인율이 급속히 커지는 급격한 기울기 곡선이었다. 전체적으로 할인 수준도 높았다. 그것을 일정 규모 이상의 거래액의 고객에 한하여 할인을 하도록 하고, 게다가 할인 금액도 종래에 비하면 낮게 하여, 기

〈도표 6-8〉 ④ **트레이드오프 프라이싱**

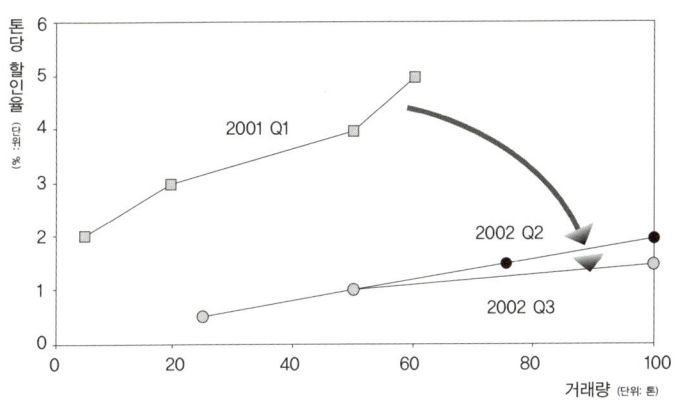

예) 건축자재업체의 볼륨 디스카운트 재검토

출처 : ⓒ BCG

울기가 완만한 곡선으로 변화시킨 것이다. 이 교섭은 그렇게 간단한 것은 아니었다. 그러나 다행히 수급이 급박하여 공급자의 교섭력이 강해진 시기에 고객이 이 변화를 서서히 받아들이도록 하여, 그 후 수급이 완화되고서도 이 할인율 정착에 성공한 것이다.

다른 모든 가격인상 교섭과 마찬가지로, 이 건축자재업체로부터 대량구매를 하는 고객 중에는 가격인상에 저항하여 공급자를 변경하려는 거래처가 있었다. 그러나 수급이 급박하기도 하여, 실제로는 대부분의 기존고객이 가격재검토에 응했다.

트레이드오프 프라이싱은 고객의 이 업체 제품에 대한 의존도와, 다른 업체가 이러한 움직임을 뒤따를 것인가 혹은 이것을 기회로 자사의 기존고객을 와해시킬 것인가 등의 정세판단을 하고서 시험해볼 가치가 있는 작전이다.

코스트 다운 프라이싱

코스트 다운 프라이싱(Cost down Pricing)은 자사 내에 복수의 유사 상품이 있을 경우, 상품 간에 의도적으로 가격차를 두어 그중에서 제조·공급 비용이 낮고 수익성이 높은 상품으로 고객을 유도하여 수익성을 높이는 것이다.

〈도표 6-9〉는 어느 해외 은행의 예이다. 지점 창구에서의 송금업무와 ATM에서의 온라인 송금을 비교하면, 은행에 있어서는 후자의 수익성이 압도적으로 높다. 이 은행은 지점 창구에서의 송금수수료를 올리면서 또한 창구담당자는 늘리지 않아, 창구에서의 송금시간을 긴 상태로 유지하였다. 상대적으로 온라인 송금이 고객에게 싸고 빠르게 느껴지도록 하여 고객을 온라인 송금으로 유도하였던 것이다.

마찬가지로 지점에서의 수표 입금은 수익성이 낮으므로, 가격을 올려 비용효율이 높고 수익성이 높은 자동입금으로 고객을 유도하였다. 결과적으로 지점의 창구업무는 감소하였고 비용효율은 높아지는 한편, ATM에서의 업무는 증가하여 그만큼 수익성이 높아진

〈도표 6-9〉 ⑤ **코스트 다운 프라이싱**

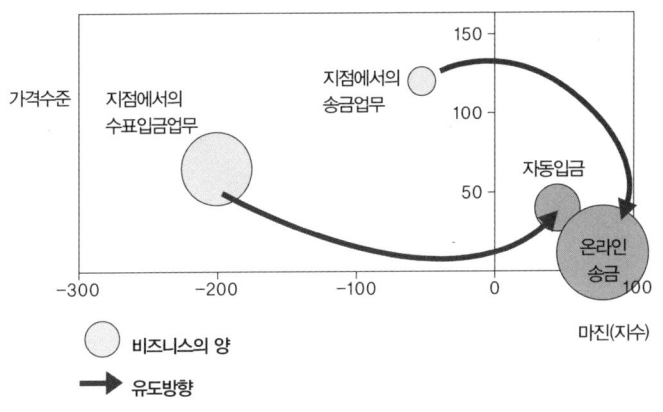

출처 : ⓒ BCG

것이다.

가격에 따라서 비용절감 효과가 큰 상품으로 고객을 유도하는 것도 경쟁사의 움직임 등을 정확하게 파악해두면 효과적인 방법이다. 비용이 높은 특별주문품이 아니라 대량생산효과가 있는 표준품으로 고객을 유도하는 것도 이 방법의 일종이라고 할 수 있다.

조직적으로 프라이싱 수행능력을 향상시키기 위한 포인트

　이러한 가격설정 방법을 연구함으로써 수익향상을 꾀할 수 있다. 그러나 그것만으로는 조직적으로 철저하게 실행할 수 없고, 일시적인 효과에 머물러서 지속적으로 수익성을 향상시키는 프라이싱을 실현하기는 어렵다. 지금까지의 조직, 업무방식, 스킬 등이 새로운 프라이싱 방법을 저해하는 요인이 되기 때문이다. 현재 대부분의 기업에서 볼 수 있는 프라이싱의 조직적인 문제점과 해결의 방향성을 정리하면, 다음의 네 가지 포인트를 들 수 있다.

역할·책임을 명확히 한다

대부분의 기업에서는 누가 가격을 결정할 것인지가 항상 명확하지는 않다. 누가 최종적으로 가격수준에 책임을 질 것인가도 명확하지 않다. 그 때문에 가격이 얼렁뚱땅 결정되어버리거나 가격의 재검토가 시장변화의 속도를 따라가지 못하여, 전략적으로 시종일관된 프라이싱을 하지 못하고 있다. 또한 가격에 관한 정보·권한·노하우·경험 등이 다양한 사원·부문·지점이나 특약점 등으로 분산되어, 그러한 것들을 조직적으로 충분히 살리지 못함으로써 똑같은 실패를 반복하고 있는 일이 곳곳에서 벌어지고 있다.

따라서 가격에 관한 조직상의 역할·책임과 분담을 명확히 정하는 것, 가격정보나 경험·노하우의 조직적인 집약·공유화가 요구된다.

의사결정과 실행 프로세스를 관리

고객별로 가격을 결정할 때 케이스별로 결정하는 경우가 많다. 결과적으로, 조직으로서 전략적으로 결정하기보다는 상당히 자의적인 개별대응을 하게 된다. 또한 합리적인 프라이싱을 하려고 해도, 고객별 수익성과 가격실현에 관한 정량적인 데이터가 없거나,

가격토론이나 의사결정이 정량적인 데이터보다도 감이나 막연한 경험에 기초하고 있어서, 합리적인 의사결정을 하지 못하고 있다. 특히 지금까지 고찰한 EVC(고객경제가치), 고객 세그먼테이션, 밸류 프라이싱, 트레이드오프 프라이싱 등의 각종 방법론에 대한 토론은 거의 이루어지고 있지 않다.

따라서 개선방법으로는, 애당초 프라이싱의 방침을 명확하게 결정하는 것, 가격을 토론하고 의사를 결정하는 프로세스를 명확히 할 것, 가격분석의 정량적인 데이터를 베이스로 토론·의사결정을 할 것, 이들이 실행될 수 있도록 가이드라인 등을 설정하고 그것들이 준수되도록 항상 감독하는 것을 들 수 있다.

인센티브를 연동시킨다

가격을 재검토하는 데 있어서 가장 저항하는 사람은 현장의 영업사원이다. 특히 가격인상 교섭과 디스카운트의 재검토 등 고객의 반발이 예상되는 안에 대해서는, 영업사원은 철저히 반발하고 태업도 마다하지 않는다. 또한 매출을 중시하는 보장체계 아래서는 가격을 변경해 매출이나 수량, 셰어가 떨어지는 것에 대해 당연히 소극적이 될 수밖에 없다. 이러한 상태를 바꾸지 않는 한, 아무리 프라이싱 방침이 올바르다 하더라도 현장에서는 실행이 지지부진해지고 진행되지 않는다.

따라서 보상체계에 매출과 더불어 가격의 실현성을 높이고 수익성을 높이는 것도 도입하여, 프라이싱 재검토에 대한 인센티브를 강화하는 방법이 필요하다.

가격정보 · 분석 툴의 정비

가격정보나 가격의 실현도를 정기적으로 모니터하지 않기 때문에, '프라이싱의 암운'이나 무한한 디스카운트, 무상서비스가 횡행하고 있는데도 깨닫지 못하는 기업들이 많다. 또한 경쟁사나 고객에 관한 정보도 반드시 충분하지는 않으며, 합리적인 의사결정의 재료가 부족한 경우도 많다. 가격을 관리하기 위한 데이터베이스나 분석을 위한 IT 등도 반드시 충분하지는 않다.

따라서 이러한 가격에 관한 정보수집, 모니터링, 축적, 분석 등의 체제나 툴, 시스템 등도 정비할 필요가 있다.

프라이싱의 재검토 실행 시 유의할 점

이러한 프라이싱 재검토의 방법을 논의하다보면 반드시 제기되는 것이 있다. "이론적으로는 알지만 실제로 실행하는 것은 너무 어렵다" 혹은 "가격을 인상하면 경쟁상대가 이때다 하고 고객 쟁탈전을 펼치므로 절대로 할 수 없다"라는 반론이나 신중론이다. 물론 가격을 재검토하는 것이 용이하지는 않지만, 방법을 연구하면 충분히 실현가능하다.

이때 다음의 포인트에 유의하여야 한다.

첫 번째 유의점은, 동일한 가격변화에 대해 고객과 지역에 따라서 반응이 다르다는 것에 주목하는 것이다.

최근 수행했던 어느 소재업체의 판매가격 인상 지원의 예를 기초로 설명하도록 하겠다. 완전히 동일한 소재의 제품에 대해, 고객의 20%는 2% 이하의 인상폭 때문에 다른 공급업체로 변경을 꾀했지만, 30%의 고객은 5% 이상의 인상폭에도 전혀 거래량을 줄이지 않았다. 또한 고객별 반응은 고객의 업종이나 소재지에 따라서도 상당한 차가 발생했다. 이러한 반응의 차이를 자세히 조사해보면 몇 가지 요인이 있다는 것을 알 수 있다.

첫째는 고객의 전체 제조비용 중에서 이 소재의 비용이 차지하는 비율이다. 그 비율이 높으면 높을수록 작은 폭의 가격차에 대해서도 보다 민감하게 반응했다. 반대로 제조원가에서 이 소재가 차지하는 비용이 작을수록 다소의 가격변동에도 그렇게 신경질적으로 반응하지는 않았다. 즉, 고객 사내에서 자사 상품의 상대적인 비중이나 위치에 따라 동일한 가격변화라도 고객에 있어서의 의미나 충격은 다르며, 이것이 고객의 반응 차이로 표현되는 것이다.

두 번째 요인은 '스위칭 코스트(Switching Cost)'이다. 스위칭 코스트란 공급자를 변경함으로써 고객의 사내에서 발생하는 비용을 말한다. 소재가격이 오른다고 해서 다른 공급업체로 변경해 버리면 스위칭 코스트가 발생한다. 그 비용이 소재의 가격인상분을 상회하면, 오히려 공급업체를 변경하지 않고 가격인상을 감수하는 경향이 강했다. 반대로 스위칭 코스트가 작으면 작은 가격차에도 민감하게 반응했다.

이러한 스위칭 코스트의 내역으로는 구매부문에서 발생하는 전표의 변경과 컴퓨터 등록변경 등의 수고, 기술부문에서 발생하는 제조공정이나 인수검사, 시험을 재검토하는 수고, 새로운 공급자의 신뢰성 검증과 안정공급체제를 확보하는 수고 등이 있다. 또한 구매 의사결정이 창구담당자에게 맡겨져 있던 고객에 있어서는 담당자가 기존 공급업체와의 관계가 틀어지는 것에 대해 심리적인 부담감이 있거나, 새로운 공급업체를 채용하는 것에 리스크를 느끼고 있어서 이것이 가격변화에 대한 반응에 의외로 크게 영향을 미치고 있다.

세 번째 요인은 지역 내의 고객 밀도와 분포이다. 다수의 고객이 밀집해있는 지역에서는 고객 간에 가격정보에 대한 상호 소통과 비교가 빈번하게 이루어지고 있으며, 가격인상에 대해 고객은 민감하게 반응하는 경향이 강했다. 한편, 고객이 광범위하게 분산되어 있는 지역에서는 고객 간의 정보교환이 그렇게 자주 이루어지지 않을 뿐 아니라, 고객에 대한 배송물류비나 배송빈도 등의 서비스 수준도 다르며, 동일한 수준으로 상호 비교하는 것이 쉽지 않다. 그런 탓에 가격변화에 대한 반응이 둔해지는 경향이 있다.

이러한 예에서 알 수 있듯이, 고객이나 지역에 따라 다양한 요인으로부터 가격의 변동 폭에 대한 반응의 차이가 발생하고 있다. 그러므로 가격을 재검토할 때에는 대상고객 사내에 있어서의 자사상품의 평가와 스위칭 코스트가 발생할 가능성 및 그 규모, 지역별 특성 등 가격에 대한 반응을 결정짓는 요소를 잘 조사하여, 어떤 고객

혹은 지역에서 어느 정도의 반응이 일어날 것인지 미리 충분히 시뮬레이션 해두는 것이 중요하다.

프라이싱 실행상의 두 번째 유의점은 전국적으로 일제히 실행하는 것이 아니라, 지역별로 나누어 단계적으로 도입하는 것이다.

이미 기술한 바와 같이, 가격변화에 대한 고객의 민감도는 지역 내의 고객밀도, 고객 간의 상호 정보교환 수준, 경쟁사의 역학관계 등의 요인에 의해 지역별로 다르다. 또한 가격인상에 의해 발생하는 자사 실적이나 마켓 셰어에 대한 플러스·마이너스 영향도 지역별로 다를 가능성이 높다.

예를 들면, 거대시장인 수도권에서 높은 셰어를 차지하고 있는 상황에서 가격인상을 도입하는 것과, 경쟁사가 강하고 자사는 낮은 셰어에 만족하고 있는 지방시장에서 가격인상을 도입하는 것과는 시장에서 갖는 가격인상의 전략적 의미와 그에 따른 영향이 다르다. 전자에서는 가격인상의 침투력도 강하고 성공하면 리턴도 큰 대신, 안이하게 하면 아성인 수도권 시장에서 경쟁사에게 공략당하는 계기가 될 수도 있으므로 잃는 것도 크다. 한편, 후자에서는 경쟁사에 공격당할 리스크도 있지만 반대로 잃는 것도 그다지 없으므로, 일부 시장을 가격인상에 대한 고객의 반응을 테스트하는 실험장으로 이용할 수 있다. 이와 같이 프라이싱의 재검토는 지역별로 전략을 나누어서 실시하는 것이 상책이다.

이 경우 첫 번째 단계에서는 몇 곳의 작은 지역을 '파일럿 지구'로 선택하여 가격변화에 대한 고객과 경쟁사의 반응을 테스트해보는 것이 좋다. 파일럿의 후보지 선정에 있어서는 고객·경쟁사의 특성이 다른 지역에도 어느 정도 공통적인 부분이 있을 것, 다른 지역과는 비교적 독립된 시장이어서 그 충격을 한정할 수 있을 것, 테스트를 하는 데 충분한 숫자의 고객이 존재할 것, 그리고 그 지역의 영업책임자에게 실행할 수 있는 능력과 의욕이 있는지 등을 고려해야 한다.

프라이싱 실행 상 세 번째 유의점은, 당연한 일이지만, 경쟁사의 특성과 자사의 상대적인 코스트 경쟁력을 충분히 확인해두는 것이다.

자사가 가격을 변화시키려 할 때 경쟁사도 이것에 반응하는데, 그 반응을 사전에 완전히 예측하는 것은 어렵다. 다수의 경쟁사가 존재하는 시장에서는 특히 어렵다. 그러나 주요 경쟁사의 숫자가 한정된 경우에는 어느 정도 경쟁사의 반응을 읽을 수 있다. 과거의 가격에 관한 행동패턴, 경쟁사의 셰어나 코스트포지션, 대상상품의 경쟁사 내에서의 중요도, 경쟁사 경영자의 언동 등으로부터 어느 정도의 반응을 나타낼 것인지 몇 가지 시나리오를 그릴 수 있다. 각각의 시나리오의 득실, 그에 따른 자사의 대응작전을 사전에 잘 검토해두는 것이 중요하다.

특히 가격인하를 하고 싶은 국면이라면 경쟁사가 과도하게 반응하여, 의도하지 않았던 '가격전쟁'에 빠지게 될 리스크가 어느 정도

인가를 사전에 명확하게 평가해두는 것이 불가결하다. 가격전쟁의 리스크가 큰 경우에는, 그 전쟁에서 이길 자신이 없어 가격인하로 발을 내딛는 것은 한 걸음만 잘못해도 자살행위가 될 수도 있다. 즉, 경우에 따라서는 가격전쟁에서 철저히 싸울 각오가 있어야 하며, 자사의 코스트경쟁력과 재무능력이 전쟁을 감당할 정도로 강하다고 확신할 수 있는지, 주의할 필요가 있다.

프라이싱 실행상의 네 번째 유의점은 현장 영업사원의 의욕과 스킬을 명확히 키우는 것이다.

앞에서도 언급했지만, 현장 영업사원에게 있어서 가격의 재검토, 특히 가격인상은 가장 하고 싶지 않은 일 중 하나이며, 따라서 대부분의 경우 협력을 하지 않거나 저항을 한다. 친숙한 고객에게 싫은 말을 듣거나 관계에 손상을 입기도 하고, 최악의 경우에는 고객이나 매출을 잃게 될 리스크가 있기 때문이다. 이러한 상태에서는 가격의 개정은 좀처럼 실행되기 어렵다. 단순히 새로운 가격표를 본사에서 영업현장으로 보내고 '이것을 실행하라'고 한다고 해서 현장이 움직이는 것은 아니다.

따라서 현장의 영업사원에 대해서 가격개정의 필요성과 이유를 납득시키기 위한 충분한 커뮤니케이션이 필요하다. 회사에서는 가격인상으로 일부 고객이 이탈할 수도 있다는 것을 각오하고 있다는 점, 또한 수요이탈이 발생하더라도 전체적으로는 수익에 플러스가 된다는 점 등을 정확히 설명하여 납득시키는 수밖에 없다. 특히 현장을 지휘하는 지점장이나 영업소장의 '커미트먼트(Commitment)'가 가장 중요하다. 이들 현장관리자에게는 경영진에서 '경영의 가장 중요사항'으로 직접 협력을 요청함과 동시에, 일대일(face-to-face)로 충분한 설명회나 질의응답 시간을 갖고 완전히 납득시키는 것이 열쇠다.

또 한 가지는 디플레이션의 장기화 속에서 대부분의 기업이 최근 가격인하를 한 적은 있어도 가격인상을 한 경험이 적어지고 있기 때문에 가격인상의 '스킬'이 사라지고 있다. 즉 어느 고객의 누구에 대해서, 어떤 타이밍에 어떻게 납득할 수 있는 설명을 해야 하는가, 고객의 반발에 어떤 식으로 대처해야 하는가 등에 관해서 경험이 없는 영업사원을 많이 볼 수 있다. 이러한 상태가 현장 영업사원의 불안을 조장할 뿐만 아니라, 실제로 스킬부족으로 고객과의 사이에서 쓸데없는 마찰을 불러일으키기도 한다.

따라서 가격 재검토를 실행하기 전에 고객에게 어떤 식으로 설명할 것인가에 대한 설명방법 가이드나 매뉴얼을 작성하여, 그것을 파일럿 지구에서 실제로 사용하여 테스트해보고, 탁상공론이 아닌 실제로 이용할 수 있는 것으로 만드는 것이 효과적이다. 더불어 그 가이드나 매뉴얼을 영업현장으로 내려보낼 때는 영업사원에게 '롤플레이' 등 충분한 트레이닝을 실시하여, 스킬과 자신감의 양쪽을 레벨업 해두는 것도 중요하다.

마지막으로, 앞에서도 언급하였지만 매출로 실적평가가 정해지는 영업사원에게 있어서는 가격인상은 하이 리스크로 비춰진다. 따라서 영업사원의 실적평가로써 매출뿐만 아니라 어떤 형태로든 가격이나 영업수익성과 연결짓는 지표, 예를 들면 가격인상의 실현도·침투도나 담당고객에 대한 평균 판매가격, 판매비용을 뺀 후의 이익률 등을 병용함으로써, 영업사원의 행동을 유도하는 것도 불가결하다.

이러한 점을 주의하면 프라이싱의 재검토는 충분히 실현 가능하다. 그리고 프라이싱의 재검토가 실현되었을 때에는 기업의 실적에 지극히 큰 효과가 나타난다. 적극적으로 검토해보길 바란다.

| 맺음말 |

컨설턴트란 직업상 다양한 클라이언트 기업의 영업사원과 만날 기회가 많다. 그중에는 업계에서 상위권 실적을 올리고 있는 스타 영업사원도 있는가 하면, 장기간 근무하고 있으면서도 실적이 오르지 않는 사람도 있다. 필자는 그런 경험을 통해서 영업사원의 능력 요건에 대해 나름대로의 '구조 가설'을 가지게 되었다.

그 구조의 한 축은 '고객에 대한 심층이해·공감력', 즉 고객의 니즈를 깊이 이해하고 그 입장이나 생각에 공감하는 능력이다. 능력이 있는 영업사원은 온몸으로 고객에게 주의를 기울인다. 귀는 고객의 말을 새겨듣고 눈은 끊임없이 고객을 세심하게 관찰한다. 그리고 고객의 구매의욕, 고객이 조직 내외에서 처한 입장, 의사결정의 판단기준 등에 대해 깊이 이해하고, 고객의 생각이나 불안, 리스크에 대한 감각, 버릇 등에 공감하려고 하는 것이다. 그것을 기초로 고객의 입장에 서서, 다양한 공급자들의 상품제안에 어떻게 반응하는가를 머릿속에서 상상한다. 고객의 가상적인 '모델'을 상정하고, 이쪽의 제안을 어떻게 느끼고, 그것에 어떻게 반응할 것인가를 시뮬레이션 하는 것이다. 능력이 있는 영업사원은 고객과의 대화 속에서도 이러한 고객의 모델을 다양한 각도에서 검증하려는 질문을 던지는 경우가 많다.

그러나 능력이 있는 영업사원이 되기 위해서 이 점은 필요조건이지 충분조건은 아니다. 고객을 이해하고 공감하는 능력과 더불어, 자사에서의 가치라는 관점에서 고객을 냉정하게 '평가'하고 우선순위를 매긴 뒤, 전망이 있는 고객에 대해서는 정열을 쏟아 부어 철저히 봉사해야 한다. 한편, 뒤쫓을 가치가 없는 고객이나 거래에 있어서는 그에 상응하여 대응하는, 말하자면 '맺고 끊음'이 있어야 한다. 아울러 고객을 설득하여, 손익 계산이 맞는 상품제안이나 서비스를 목표로 하는 가격으로 수용하게 하는 능력도 필요하다. 이러한, 말하자면 '자사의 에고(Ego)를 받아들이게 하는 능력'이 능력요건의 또 다른 축이다.

'능력이 있는 영업사원'은 이 두 능력을 겸비하고 있다. 고객을 누구보다 이해하고 공감할 수 있는 능력이 있지만, 이해득실을 따지지 않고 무슨 일에나 "예, 예"하며 고객의 뜻대로 봉사하는 사람은 단순히 '좋은 사람', 때로는 '어수룩한 사람'이 되어 버리고 만다. 반대로, 고객에 대한 이해와 공감이 없이 자사의 의견만을 밀어붙이려고 하는 사람은 '강매'나 '독선'에 빠지고 만다. 그리고 이도 저도 안 되는 사람은 미안한 말이지만 영업에는 맞지 않는다고밖에 할 수 없다.

고객의 소리에 귀를 기울이는 '듣기 능력' 대(對) 자신의 주장을 받아들이게 만드는 '설득 능력'. 고객의 입장에 서는 '공감의 능력' 대(對) 자사의 이익을 주장하는 '에고(Ego)의 능력'. 이러한, 언뜻 보기에 상반된 두 가지 능력을 겸비해야만 실력이 있는 영업사원이 될 수 있다. 상당히 힘든 일이다. 힘들지만 지극히 인간적인 이 두 가지 측면을 잘 혼합시키는 방법은 각 개인이 다양한 연구를 해야 할 부분이다. 여기에 영업의 재미가 있는 것이라고 생각한다.

머리말에서도 언급했듯이, 이 책은 B2B 비즈니스에 '마케팅 로직'의 도입을 꾀하기 위해 쓴 것이다. 이 책이 기업의 영업 '능력'을 비약적으로 향상시키는 데 일조할 수 있다면, 그리고 그 결과 영업현장에 존재하는 다양한 '마케팅 로직 결핍증'을 퇴치하여 암운이나 배회현상을 감소시키고 실적을 대폭 향상시키는 데 일조를 할 수 있다면 다행이겠다. 그리고 영업을 담당하는 독자들께서 그 성공에 필요한 두 가지 능력을 향상시키는 데 이 책이 참고가 된다면 더할 나위 없이 기쁘겠다.

이 책의 출판에 있어서 편의를 보아주신 여러분들께 이 자리를 빌려 심심한 감사의 말씀을 드리고 싶다. 우선, 다양한 업무를 통해 필자를 단련시켜 주신 클라이언트 여러분께 감사의 말씀을 드리고 싶다. BCG의 OB 분들과 동료들에게도 감사를 드린다. 대 선배이신

호리 고이치 님, 이노우에 다케시 님, 이 두 분은 필자가 막 컨설턴트를 시작할 무렵, 산업재 분야와 B2B 비즈니스 분야의 재미를 가르쳐 주셨다. BCG 전 일본대표인 우치다 가즈나리 님께서는 본서 집필의 계기가 된 아오야마가쿠인 대학의 비즈니스 스쿨에서 강의할 수 있도록 소개와 지도를 해주셨다. 현재 BCG 일본 공동대표인 미즈코시 유타카 님과 미타치 타카시 님을 비롯해 많은 동료들로부터는 이 책의 내용과 구성에 대해 직·간접적으로 귀중한 조언을 받았다. 특히 시게타케 나오모토 님, 칸노 히로시 님, 야부키 히로타카 님, 우에쿠사 데츠야 님, 요코하마 준 님께는 여러 형태로 도움을 받았다. 그리고, BCG 수석 에디터(Chief Editor)인 미츠키 도모코 님으로부터는 기획, 편집, 진행관리 등 각 방면에서 지원을 받았다. 비서실의 우메하라 히로코 님, 호시노 아야코 님은 타이트한 일정을 조정하느라 많은 고생을 하였다. 마지막으로 연말연시와 주말에도 집필을 위해 '부재' 상태였던 필자에 대해 인내하고 격려해준 가족에게 감사를 드린다.

끝으로 이 책의 상당 부분은 BCG의 경험이나 지식의 축적을 기초로 하고 있으나, 이 책의 내용·견해에 관해서는 필자 개인이 최종적인 책임을 지고 있음을 첨언해두고 싶다.

보스턴컨설팅그룹의
B2B 마케팅

초판 1쇄 발행 | 2007년 1월 25일
초판 21쇄 발행 | 2019년 8월 3일

지은이 | 이마무라 히데아키
옮긴이 | 정진우

주소 | 경기도 파주시 회동길 354
전화 | 031-839-6805(마케팅), 031-839-6814(편집)
팩스 | 031-839-6828

발행처 | (사)한국물가정보
등록 | 1980년 3월 29일
이메일 | booksonwed@gmail.com